新版

だれでもできる ベランダで野菜づくり

麻生健洲

家の光協会

育ち方を知れば、
野菜づくりはかんたん。

ベランダにプランターを置いて、種をまけば、
もう野菜づくりのはじまりです。
種まきから収穫まで、どんな野菜を育てるのも
一連の作業はだいたい同じ。
なので、野菜の育ち方とおもな作業を
頭に入れておけば、栽培はとってもスムーズ！
気楽に始めてみましょう。

ベランダで育てるなら、こんな野菜がいい。

たいせつなことは、ベランダで栽培しやすい野菜にターゲットをしぼること。
プランターという限られた土の量でもりっぱに育つ野菜があるので、それを選ぶことが重要です。
プランターのサイズや栽培時期が合った野菜を選択すれば、失敗のリスクはぐんと減らせます。
「収穫まで早い」「長い期間とれる」「何度もとれる」「食べたい分だけ収穫」……
いろいろなおトクがいっぱいの野菜づくりを紹介します。

収穫まですぐ！

スピード野菜

栽培期間が短い野菜は、
その分失敗のリスクも少ないので
ビギナーにおすすめ。
１～２週間ずつ時期をずらしながら
種まきすれば、新鮮な野菜がいつも食卓に。

ベランダサイズ！

ミニ野菜

プランター栽培がちょっと
難しそうな野菜も、ミニ品種なら
育てやすく気軽にチャレンジできます。
株が小ぶりで場所をとらないのもメリット。

1株から大収穫

すずなり野菜

実を収穫して食べる野菜は、
1つの株から何度もとれたり、
一度にどっさり収穫できる
おトクな野菜。定期的に肥料を
与えるのが栽培のコツ。

ベランダにあると
重宝

香味野菜＆ハーブ

ちょっとずつ料理に使いたい
香味野菜とハーブは、
まさにベランダ栽培向き。
使いたいときに使いたい分だけ、
ベランダから摘んでくればいいのです。

栄養価の高さが
決めて

健康野菜

たくさんの野菜を育てる場所がないときは、
効率よく栄養がとれる野菜から育てるのも
一つの手。新鮮なものほど栄養価が高いので、
とりたてをキッチンへ。

Contents

ベランダ栽培に おすすめの野菜34

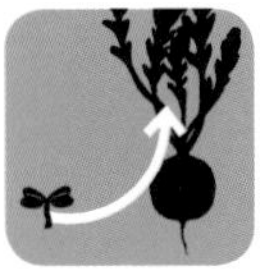

収穫までですぐ！

スピード野菜

1株から大収穫

すずなり野菜

ベランダサイズ！

ミニ野菜

本書の使い方

●使用するプランターは基本的に「大型」「標準」「小型」「深型」の４種類です。詳しくはp.116を参照してください。
●種まきや植えつけ、収穫の時期を示した栽培カレンダーは、一般地（関東南部）を基準にしています。地域、栽培環境、品種などによって作業時期が異なりますので、種袋の記述などをもとに栽培してください。
●収穫量の目安は、関東南部のベランダ（4階）で栽培し、測定したデータに基づいています。栽培する時期、ベランダの環境、つくる野菜の品種、その年の気象状況など、さまざまな要因で収穫量は異なりますので、あくまで目安としてください。
●肥料の分量は基本的に１プランターあたりの量を示しています。肥料は主に化成肥料（N-P-K＝8-8-8）を使用しています。

ベランダにあると重宝

香味野菜＆ハーブ

種まき前のチェックポイント

野菜がとれるまで

栄養価の高さが決めて

健康野菜

challenge

ベランダ栽培の基礎知識

種まき前のチェックポイント

チェック 1

まずはベランダをみてみよう

ベランダに出て、どれくらいのスペースが使えるのかを確認しましょう。
野菜は、種をまいたときや苗を植えたときよりも何倍も大きくなるので、
収穫を迎える時期の最終的なサイズをイメージして場所を選びます。
洗濯物や布団を干すことも考慮に入れながら、
野菜が育つ十分なスペースがあるかをみてください。
そのほか、ベランダの向き、日の当たりぐあいなどもチェックしましょう。

→詳しくはp.114～115参照。

こんなに大きくなる！

野菜が生長したときの大きさを考えてプランターを置きましょう。必要なスペースを示しました。プランターは「大型」「標準」「小型」「深型」の４種類（p.116～117参照）。

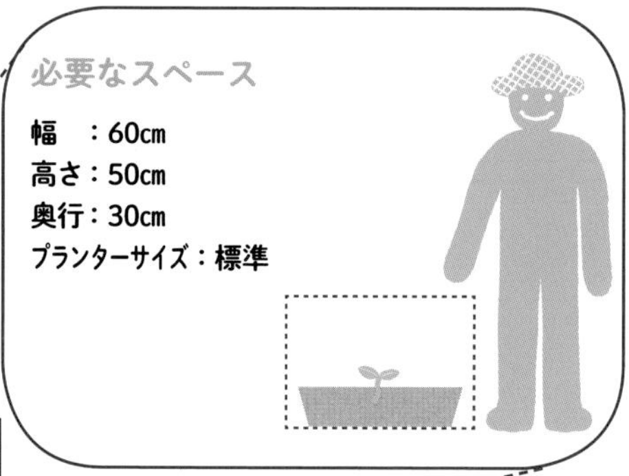

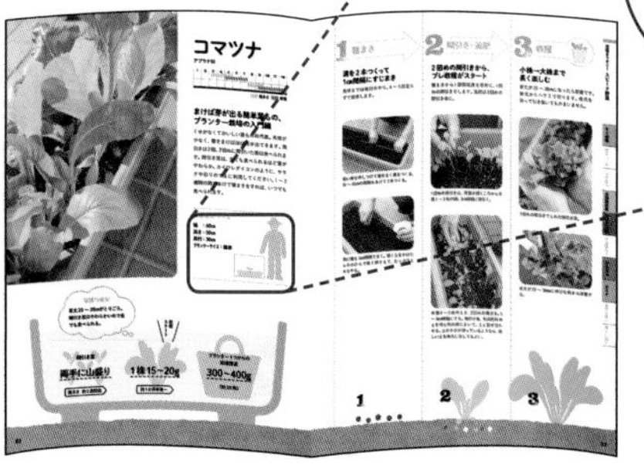

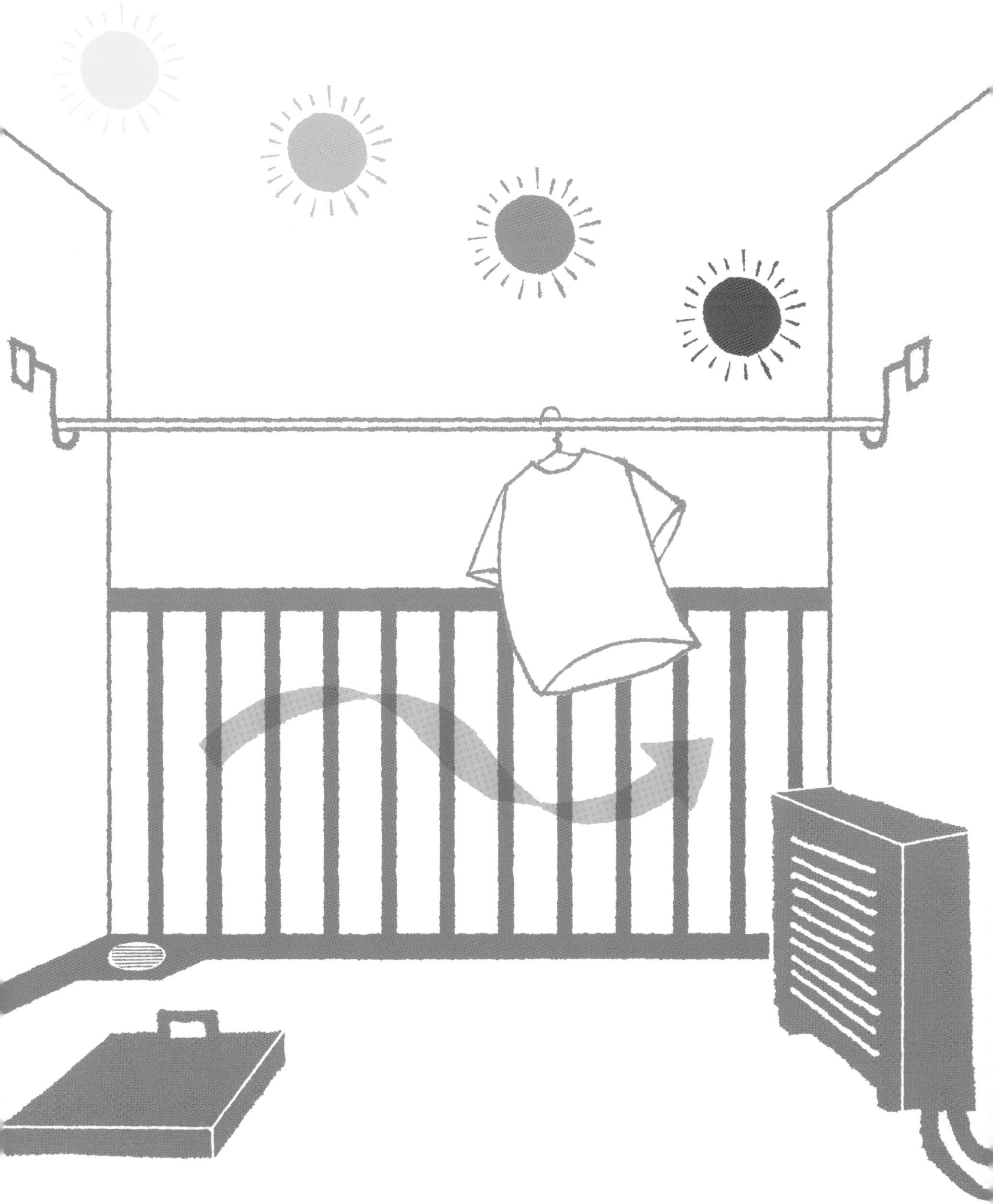

種まき前のチェックポイント

チェック2

つくる野菜を決めよう

プランターの中の限られた土の量でも育つ、ベランダ栽培に向く野菜をつくりましょう。
種のまきどきも肝心。時期を間違えると野菜はうまく育ちません。
さらに、プランター１つでどれくらいの収穫があるのか、
１株からどれくらいとれるのかを考えて、ベランダのスペースとも
相談しながら、つくる野菜をしぼりこんで種や苗を手配しましょう。

→種、苗の選び方ははp.118 ～ 119 参照。

今つくれる野菜は？

種まきや植えつけの時期、収穫時期を確認して栽培を始めましょう。

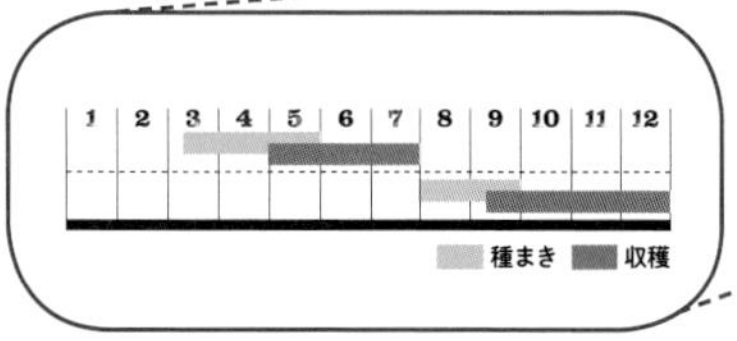

どれくらい収穫できるの？

1つの株やプランターからどれくらい収穫できるかの目安を紹介しています。

種まき前のチェックポイント

チェック3

道具・資材を調達しよう

まず必要なのはプランターと土。
育てる野菜に合うプランターと、その容量の土を準備しましょう。
水やりに使うじょうろ、土をすくう移植ごて、
収穫などに使うハサミも必需品です。
野菜によっては支柱や園芸ネット、ひもも必要になってきます。
また、栽培途中で与える肥料なども用意します。
栽培のプロセスと手順をひととおり確認して、用意しましょう。

→詳しくはp.116～123参照。

どうやってつくるの?

種まき、植えつけから収穫までのプロセスを、作業のポイントごとにまとめました。必要な道具や資材などを確認しましょう。右端のカラーチャートはその野菜の栽培メリットを示しています。

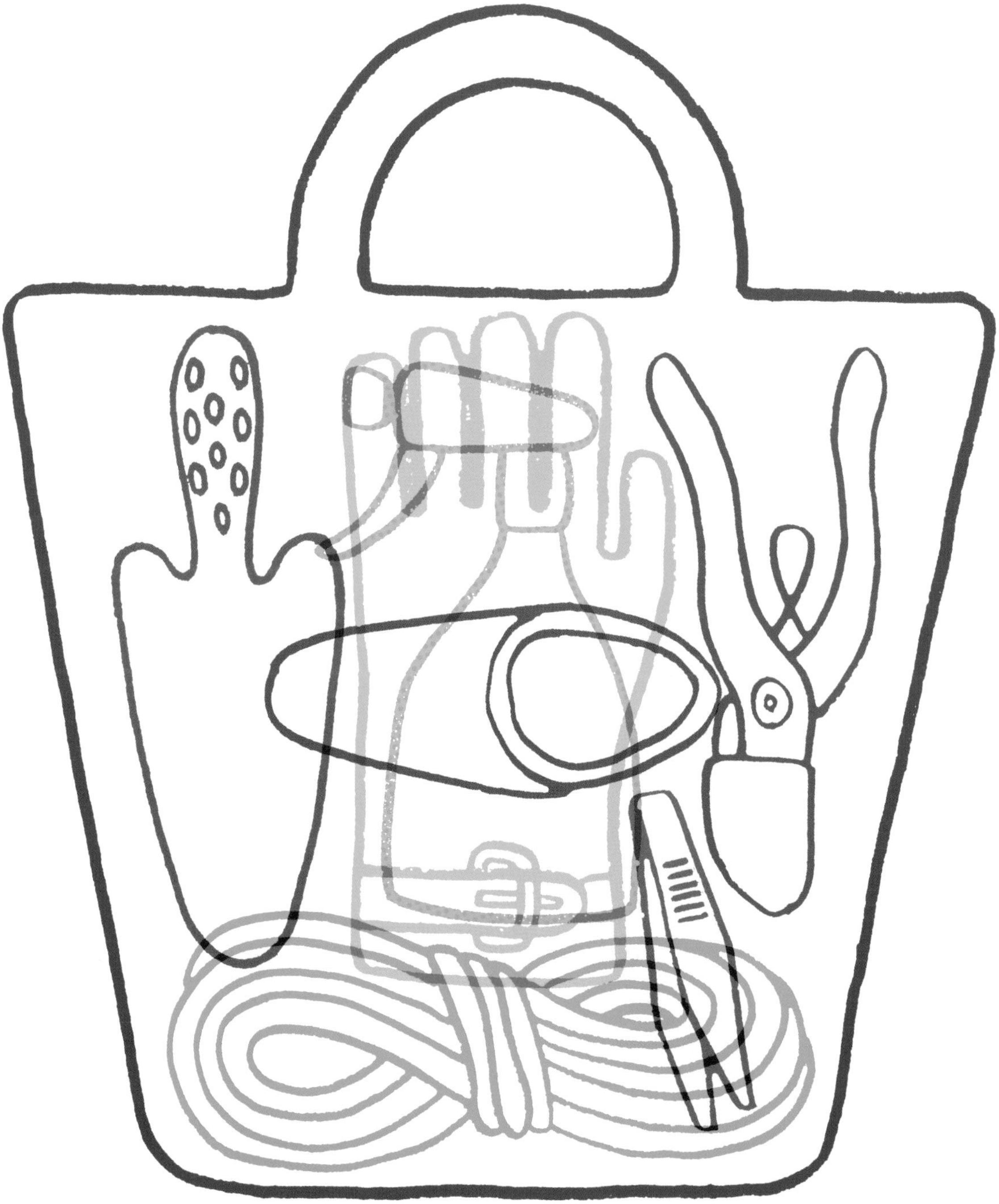

野菜がとれるまで

1粒の種から芽が出て、大きく育って収穫するまでの野菜の生長過程と作業をみてみましょう。
さまざまな野菜づくりに共通する間引きや追肥などのいくつかの作業があります。
この野菜の育ちと作業の流れを頭に入れておけば、栽培はとてもスムーズに！
種まきから収穫までの作業を順を追って紹介します。

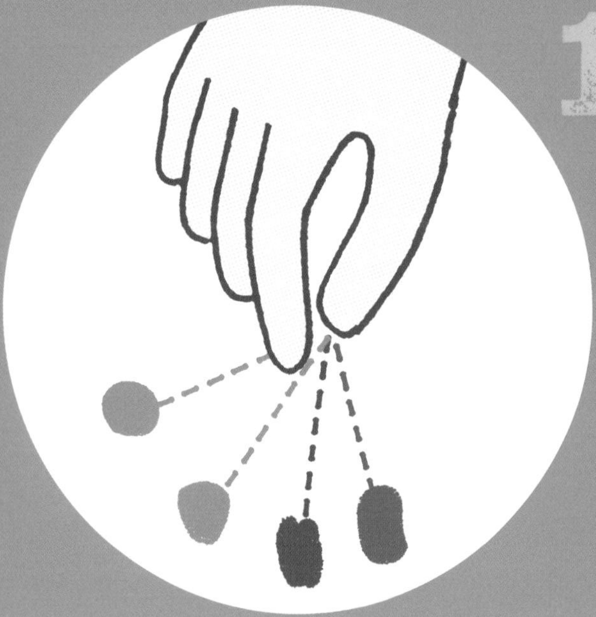

1 種まき

野菜づくりの第一歩。順調な生育のカギは種まきにあります。野菜の種類によって適したまき方があり、作業のよしあしで発芽に差が出ます。ここは慎重に、ていねいに作業しましょう。

2 水やり

ベランダでのプランター栽培には水やりが欠かせません。水不足や水のやりすぎは生育に悪影響を与えるので、野菜の様子を観察して適切に水をやるようにしましょう。

3 間引き

発芽後、生育の悪い株や病害虫の被害を受けた株を抜いてよい株を残し、最終的にその野菜に合った株間（間隔）にしていきます。「間引き菜」として、間引いた葉野菜の株も食べられます。

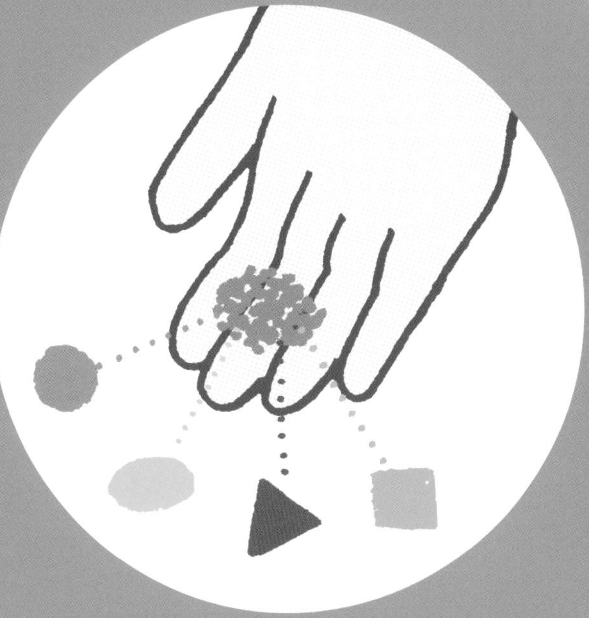

4 追肥

栽培の途中で、野菜の生長ぐあいに応じて必要な養分（肥料）を与えることを「追肥《ついひ》」といいます。これに対して種まき、植えつけの前にあらかじめ施しておく肥料を「元肥《もとごえ》」といいます。

5 収穫

生育途中の間引き菜、早めに収穫する小株どり、しっかり育てる大株どりなど、さまざまな生育段階の野菜が食べられるのもベランダ栽培の楽しいところ。おいしいタイミングを逃さずに。

＊野菜によっては、「植えつけ」「整枝」「支柱立て・誘引」「摘心」の作業もします。→p.30参照

種まき

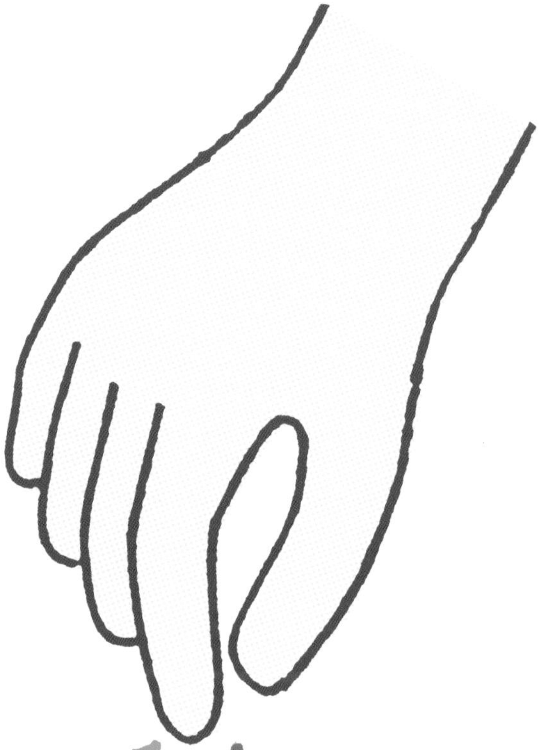

野菜づくりのスタートは種まきから。
種まきには3つの方法があり、
野菜の種類や管理の手間などによって使い分けます。
また、種まきができる時期も決まっています。
種まきに適した時期は、それぞれの野菜の
栽培カレンダーや種袋で確認してください。
旬の時期に栽培する野菜は、
つくりやすく、栄養価も満点です。

種まきのポイント

1

すじまきは、
コマツナや
ホウレンソウなどの
葉もの類や
ミニニンジンなどに。

2

点まきは、
ダイコンやインゲン、
エンドウなど
種の大きな野菜向き。

3

ばらまきは、
葉もの類や
ベビーリーフなどに。
間引きなど管理の
手間がややかかる。

4

まきどきは
栽培カレンダーや
種袋を参照。
旬の時期につくれば
失敗も少ない。

種まき

step 1

容器に土を入れる

培養土《ばいようど》をプランターや鉢に入れます。
土の量は、容器の深さの8分めくらいを目安に。
表面を平らにならします。

1 培養土を用意する。培養土とは、植物を育てやすいようにあらかじめ数種類の土や肥料などを配合したもので、市販されている。

2 底がメッシュ状になっているプランターは、軽石や鉢底ネットは不要。直接土を入れてよい。

3 プランターに培養土を入れる。ここでは土の容量15ℓ程度の標準サイズのプランターを使用。

4 水やりのときのスペース分として縁から2㎝くらい下まで土を入れ、表面を平らにならす。板きれなどでていねいにならすとなおよい。

ばらばらになりやすい軽石はネットに入れて

鉢穴が大きい素焼き鉢などは、ネットや軽石を底に敷くとよい。鉢穴の上に、鉢底ネットやネットに入れた軽石を敷く。軽石は台所の三角コーナー用のネットなどに入れると扱いやすくて便利。

種袋の開け方と保存法

種袋を開封するときは、種袋の下部を切るようにします。品種名や栽培法などの重要な情報は種袋の上部に書いてあることが多いからです。余った種を保存するときは、口を折りたたんでテープで閉じ、缶などの密閉できる容器に乾燥剤といっしょに入れておきます(p.118参照)。時間がたつと発芽率が悪くなる野菜もあるので、早めに使いきるようにしましょう。

種まき

step 2

点まき

間隔をあけて、1か所に数粒ずつ種をまきます。広い株間が必要で、生育期間の長い野菜向きです。写真はミニダイコンです。

種をまく

種のまき方は、すじまき、点まき、ばらまきの３つの方法があります。野菜の種類や容器の形などによって、適切なまき方を選びます。

すじまき

直線に浅い溝をつくって、一定の間隔で種をまきます。間引《まび》きや土《つち》寄《よ》せなどの作業がしやすいのが特徴です。写真はコマツナです。

1 10 ～ 15㎝の間隔をあけて、深さ5㎜くらいの溝をつくる。棒や支柱を押しつけるようにすると、まっすぐで均等な深さの溝ができる。

2 1 ～ 2㎝の間隔をあけて種をまく。親指と人差指をひねるようにして、1粒ずつ落としていく

ていねいな種まきで、種のむだをなくす

折った紙に種をのせて竹串を使って1粒ずつまいていけば、より均等にまけて、種のむだが少なくなる。

1　直径5cmくらいのくぼみをつくる。プリンや水ようかんなどの空き缶を使うと、大きさのそろったくぼみがかんたんにあけられる。

2　くぼみの縁に沿って3～5粒の種をまく。種と種の間をあけて等間隔になるように。

ばらまき

全体にぱらぱらとランダムに種をまきます。作業はかんたんですが、その後の間引きや追肥に手間がかかります。

1　1～2cmの間隔になるように種をまく。

2　種が重なったところは、竹串を使って移動させる。

意外と難しいばらまき、身近な小道具でムラなくまく

折った紙に種をのせて、指先または竹串で1粒ずつ種を落としていくと、ムラなくまける。

種まき
step 3

土をかける

種に土をかけたあと、上から押さえて
種と土を密着させると、発芽がよくなります。
発芽に光が必要な好光性《こうこうせい》種子はごく薄く、
光が不要な嫌光性《けんこうせい》種子は少し厚めに土をかけます。

すじまきの場合

溝の両脇の土を親指と人差指でつまんで種の上にかける。

点まき、ばらまきの場合

点まき、ばらまきは、ふるった土を上からかける。すじまきのときも、土をふるって細かい土をかければ、よりていねいな仕上がりに。

土をかけたら軽く押さえる

手のひらで軽く押さえて、種と土を密着させる。

板きれなどで押さえるとよりきれいに。

種まき後の管理

種まき後に不織布《ふしょくふ》や寒冷紗《かんれいしゃ》をかけておくと、土の乾燥防止や防虫対策になる。かぶせたままで水やりもできる。

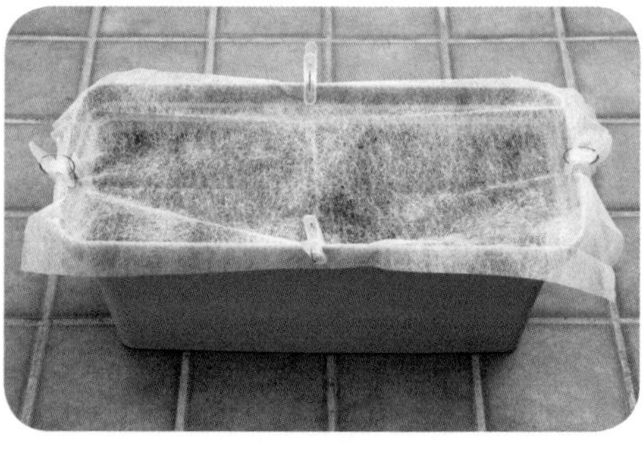

Lesson

ポットの種まき

プランターに直接種をまかずに、ポリポットに種をまいて、間引《まび》きながら株を育てていくやり方です。ある程度の大きさの苗に育ててから、プランターに植えつけます。リーフレタスやトマト、キュウリなどを種から育てる場合に行います。野菜の種類や品種によって、まく種の数、間引きの回数や残す苗の本数は違ってきます。

1 ポリポットの8分めくらいまで培養土を入れて、表面を平らにする。

2 種を4～5粒まく（例・リーフレタス）。種どうしが重ならないように。

3 ふるいで、種が見え隠れする程度に薄く培養土をかける。

4 手で軽く押さえて種と土を密着させ、たっぷりと水やりする。

5 約5～7日後、発芽。本葉4～5枚のころに元気のよい苗を残して1本に間引く。

6 植えつけ直前の苗。リーフレタスの場合、種まきをしてから約30日でこの大きさに。

水やり

プランター栽培は、日常的な水やりが欠かせません。
水不足は生育に影響をおよぼすので、
野菜の様子を観察して、土の表面が乾いていたら、
たっぷりと水をやるようにしてください。
種まき後に与える水は発芽を促すため、
植えつけ直後は根つきをよくするために水やりをします。

水やりのポイント

1 **種まき後**や
植えつけのあとは、
かならず水をやる。

2 **水の量**は、
底から水が
流れ出るくらいに
たっぷりと。

3 **土の表面**が
乾いてきたら、
水やりのタイミング。

4 **秋から冬**の
水やりは
午前10時ごろまで。
真夏は朝夕に。

種まき、植えつけのあと

種が流れないように、また植えた苗が傷まないように、水の勢いを抑えてやさしくかけます。発芽するまでは毎日水やりを。

種まき後、じょうろで水をかける。

植えつけ後、根元にやさしく水をかける。

プランターの底から水が流れ出るくらいにたっぷりと。

日常の水やり

土の表面が白っぽく乾いてきたら水をやります。中途半端な水やりは根腐《ねぐさ》れの原因となるので、与えるときは底から流れ出るくらいを目安にたっぷりと。しばらく家を留守にするときは水やり装置を利用するのもおすすめ。

水やりに適した時間

秋から春は午前10時ごろまでに。気温の高い夏は朝夕の涼しい時間帯に。夏場はすぐに乾くので、朝夕2回の水やりを。

葉っぱにも名前がある?

覚えてほしいのは、双葉《ふたば》(子葉《しよう》)と本葉《ほんば》の2つ。株の大きさや状態をあらわすのによく使います。

種まき後に初めて出てくる葉を双葉、双葉のあとに出てくるその野菜特有の形をもつ葉を本葉という。

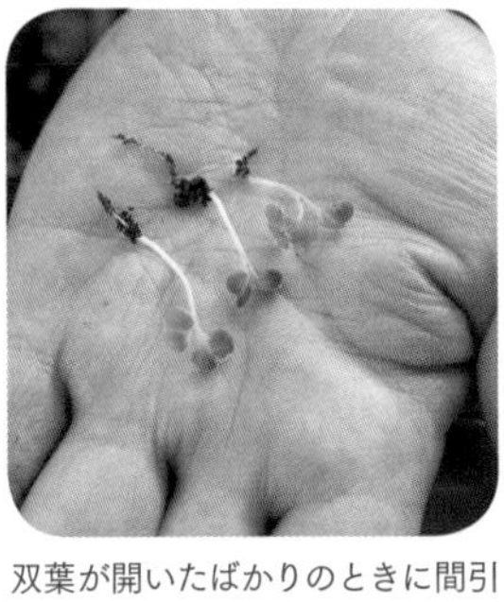

双葉が開いたばかりのときに間引いた株。このくらい小さな苗は、種に塗布してある薬剤の影響があるので食べないように。本葉が1～2枚伸びてくれば食べられる。

間引き

株と株の間隔を広げて、野菜に適した株間をつくるのが、間《ま》引《び》きの役割。
生長の遅れているもの、葉の形の悪いものなどを抜いて、生育のよい株を残します。
株間を十分にとらないと、風通しが悪くなり、病害虫発生の原因にもなります。
野菜の種類によって、間引きの回数や間隔は違います。

間引きのポイント

小さいもの、
葉の形の悪いもの、
病気にかかっているもの、
虫食いの穴のあるものを
引き抜く。

葉先が
隣の株と
触れ合うくらいを
目安に間隔をあける。

間引き後は、
新しい土を
根元に足し（増《ま》し土《つち》）、
倒れないように土を寄せる。
この作業を土《つち》寄《よ》せという。

1回めの間引き

種まきから1週間～10日後、双葉が開ききったら、葉が触れ合う程度（2～3cm間隔）に間引きます。写真はすじまきの例です。

1 双葉が開いて株がこみ合ってきた。

2 株元を持って、そっと引き抜く。

3 間引き後。間隔が広がって、根元が不安定に見える。

4 土を株の両側から根元に寄せ集めて、ちゃんと立たせる。

2回め以降の間引き

野菜の種類によっては、2回、3回と間引きを重ねていきます。葉がこみ合ってきたら間引きをして、葉先が触れ合う程度に間隔を広げることがポイントです。

ひと回り大きく生長。隣の株と葉が軽く触れ合うくらいに間を広げる。

点まきの場合

双葉が開いたら、形の悪いもの、生長の遅いものなどを間引きます。1～2回に分けて間引きをし、最終的には1本だけを残し、根元に土を寄せます。

ばらまきの場合

双葉が開いて葉が重なり合うようになったら、間引きのタイミング。隣の株と葉が軽く触れ合うくらいの間隔に。土寄せはしません。

追肥

種まきや植えつけ時に与える肥料を元肥《もとごえ》、
生育途中で与える肥料を追肥《ついひ》といいます。
プランター栽培では、あらかじめ肥料分が配合された
培養土《ばいようど》を使うことが多いので、元肥の作業は必要なく、
追肥の作業がメインになります。
おもに固形の化成《かせい》肥料と液体肥料を使います。

追肥のポイント

1

化成肥料は、
窒素《ちっそ》、リン酸、カリの
三要素の含有率（%）が
低い（8-8-8など）ものを使い
必要な量を適切にほどこす。

2

液体肥料は、
効果がすぐに現れる。
水で薄めて
水やりをかねて
使うとよい。

3

葉が傷むので、
化成肥料は
葉にかけないように。

4

追肥後、
土寄《つちよ》せまたは増《ま》し土《つち》で
肥料と土を
混ぜ合わせる。

すじまきの場合

列と列の間（プランターの中央）に化成肥料をぱらぱらとまき、土と混ぜ合わせます。さらに、栽培しているうちに土が沈んだり、根元が出てきたりして株が倒れやすくなるのを防ぐために土を足します（増し土）。

1 土の量1ℓあたり1gの化成肥料を列と列の間のスペースにまく。写真は約15g。

2 土があまり減っていなければ、移植ごてなどで肥料と土がなじむように混ぜ合わせる。土が減っていれば、新しい培養土を肥料の上と株の両脇に置く。葉を埋めないよう、手で持ち上げ、株元に土を置くとよい。

3 最後に水やりをし、肥料分を土にしみこませる。追肥の回数、タイミングは野菜によって異なる。

点まき、ばらまきの場合

点まきのときは、株のまわりに土の量1ℓあたり1gの化成肥料をまきます。軽く土と混ぜ合わせて株の根元に土寄せを。ばらまきのときは肥料を葉にかけないようにまき、土寄せは不要です。

株のまわりにぐるりと肥料を置き、移植ごてなどを使って土となじませる。

液体肥料の使い方

固形の化成肥料の代わりに水で薄めるタイプの液体肥料（液肥）を使っても。説明書のとおりの倍率で薄めて水やりをかねて施します。すぐに効くので、肥料が切れて株が弱っているときや、葉もの野菜などにも効果的です。1～2週間に1回の割合で与えるとよいでしょう。

水差しやじょうろで株の根元にかける。

収穫

根元から切る、かき取る、葉を摘むなど、
野菜によってさまざまな収穫の仕方があります。
食べたいときに必要な分だけ収穫できるのが、ベランダ栽培のよいところですが、
野菜にはもっともおいしく食べられる適期があります。
おいしいタイミングを逃さず収穫してください。

収穫のポイント

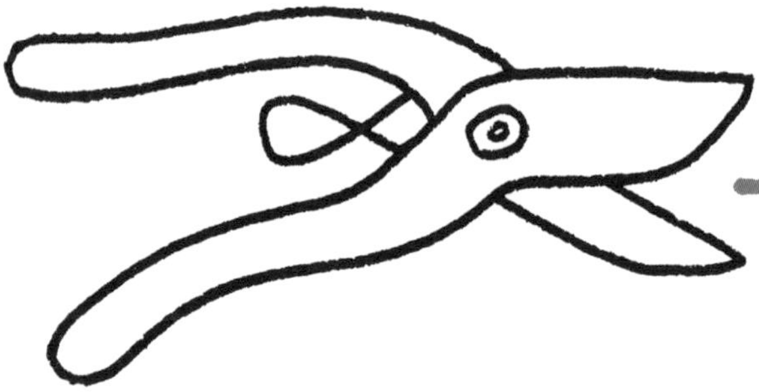

1 おいしい時期を
逃さず収穫する。
とり遅れに注意。

2 午前中に収穫。
とくに気温の高い
夏場は早朝に。

3 晴天のときに
収穫するのが望ましい。

4 葉もの野菜は、
小さいうちから
間《ま》引《び》きを兼ねて収穫。

収穫法 1

株ごと収穫

コマツナの場合、草丈25～30㎝が標準サイズとされていますが、食べたいときが収穫どき。その前から必要に応じて収穫してもOK！　根元からハサミで切り取るか、株ごと引き抜きます。

1 種まきから4～5週間後のコマツナ。草丈は25～30㎝くらいに生長している。

2 大きく育った株の根元から切り取る。間引きのように均等に間隔があくように収穫すれば、残した株がさらに生長する。

収穫法 2

外葉をかき取る

リーフレタスなどは、株が大きくなったところで外側の葉を1枚ずつはがして収穫します。

外側の葉からかき取る。リーフレタスはいちどに収穫するのは、1株で2～3枚、次の収穫は約半月後。

収穫法 3

葉を摘み取る

多くの野菜は、葉のつけ根からわき芽という小さな芽が出てきます。シュンギクやシソ、バジル、モロヘイヤなどは、わき芽を伸ばして摘み取りながら何度か収穫します。写真はシュンギクです。

シュンギクは本葉が7～8枚になったら、茎の先をハサミで摘み取って収穫。しばらくするとわき芽が生長してくるので、次々と収穫できる。

野菜によってはこんな作業も

トマトやナス、キュウリなど、実を食べる野菜（果菜類《かさいるい》）を育てる場合は、支柱を立てたり、枝の整理をしたり、下のような作業をします。

植えつけ

ポットに種まきして育てた苗や、買ってきた苗を、プランターに植えつけるやり方です。ポットから抜くときは、根のまわりについている土（根鉢《ねばち》）をくずさないように気をつけます。根鉢とプランターの土の高さは同じか、根鉢のほうを少し高くなるように植えて、植えつけ後はたっぷりと水をやります。

整枝《せいし》

収穫量を増やすために、枝やつるを切ることを整枝といいます。野菜の種類によって適した枝の本数があり、ミニトマトは1～2本、ナスやピーマンなどは3本程度です。それ以外の枝は、芽や葉が小さいうちに摘み取ります。ジャガイモは、イモを大きく育てるために、プランター栽培のときは芽を1本に調整します。

支柱立て・誘引《ゆういん》

背が高くなったり、実がつくと重さで倒れやすくなる野菜は、株のわきに支柱を立て、ところどころをひもで結んで支えます。茎や枝をひもで支柱などに結びつけることを誘引といいます。トマトやナスは、整枝と誘引で株の形を整えます。キュウリやゴーヤー、スナップエンドウなどのつる性の野菜は、支柱のほか、網状の園芸ネットを張ってつるをからませることもできます。

摘心《てきしん》

摘心とは、茎の先端の芽を切り取ることです。草丈を抑える、ほかの芽を大きく伸ばすといった効果があります。トマトやキュウリなどは、草丈が支柱より高く伸びてきたら、先端を摘心して枝葉や実の充実に養分を回します。

収穫まですぐ！
スピード野菜

ベランダでまず育てるならスピード野菜を。
収穫までの期間が短い野菜は、その分失敗のリスクも少ないからです。
なかでも、葉もの野菜は種をまける期間や収穫できる期間が長いため、
種まきの時期を１～２週間ほどずらして育てれば、
新鮮な野菜をいつも食卓にのせることができて、ベランダ菜園に最適！

コマツナ／ラディッシュ／ジャガイモ／ミズナ／
シュンギク／ルッコラ／リーフレタス

コマツナ

アブラナ科

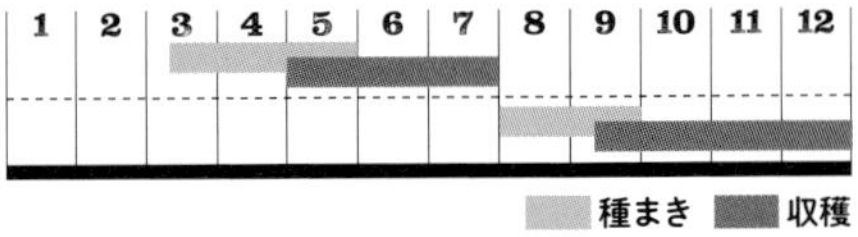

まけば芽が出るかんたん野菜、プランター栽培の入門編

くせがなくておいしい葉ものの代表。失敗が少なく、種をまけばほぼ芽が出てきます。間引きは2回、2回めに間引いた苗は食べられます。間引き菜は、生でも食べられるほど葉がやわらか。カイワレダイコンのように、サラダや彩りのつまに利用してください。1～2週間の間をあけて種まきをすれば、長い期間楽しめます。

必要なスペース

幅　：60cm
高さ：50cm
奥行：30cm
プランターサイズ：標準

1 種まき

溝を2本つくって 1㎝間隔にすじまき

発芽までは毎日水やり。4～5日足らずで発芽します。

細い棒を押しつけて種をまく溝をつくる。10～15㎝の間隔をあけて2本つくる。

溝に種を1㎝間隔でまく。薄く土をかけたら手のひらで軽く押さえて、たっぷりと水をやる。

2 間引き・追肥

2回めの間引きから、プレ収穫がスタート

種まきから1週間程度を目安に、1回めの間引きをします。追肥は2回めの間引き後に。

1回めの間引きは、双葉が開くころから本葉1～2枚の間。3㎝間隔に間引く。

本葉4～5枚のとき、2回めの間引き。5～6㎝間隔にする。間引き後、化成肥料10gを列と列の間にまいて、土と混ぜ合わせる。土のかさが減っているようなら、新しい土を株元に足してもよい。

3 収穫

小株→大株まで 長く楽しむ

草丈が25～30㎝になったら収穫です。根元からハサミで切ります。根元を持って引き抜いてもかまいません。

2回めの間引きでとれた間引き菜。

草丈が25～30㎝に伸びた株から順次収穫する。

ラディッシュ

アブラナ科

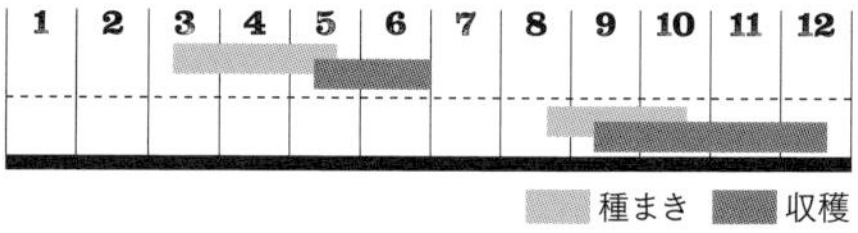

収穫まで1か月足らずの小さなダイコン

二十日《はつか》ダイコンの別名のとおり、1か月足らずで収穫できます。栽培期間の短さは、スピード野菜のなかでもチャンピオン級。根の形や色は、品種によっていろいろあるので、気に入ったものをつくってみましょう。ここでは、小型の丸鉢に点まきでつくっていますが、標準プランターで2列のすじまき、またはばらまきでも栽培できます。

必要なスペース

幅　：30㎝
高さ：30㎝
奥行：30㎝
プランターサイズ：小型～標準

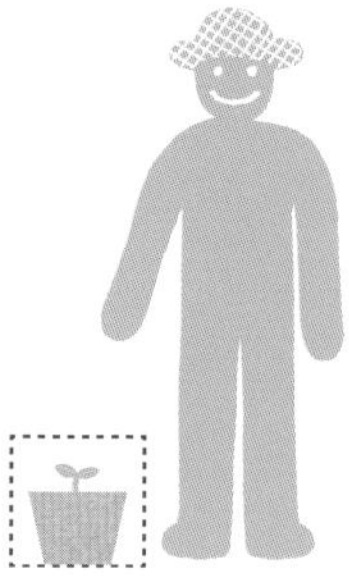

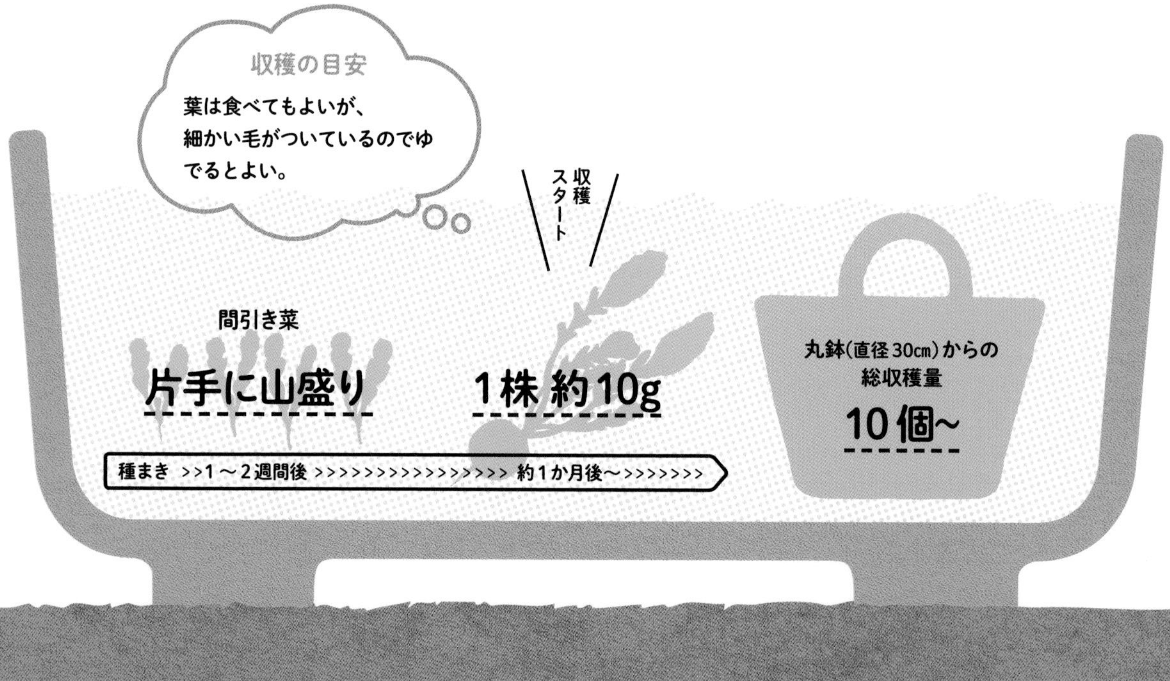

1 種まき

種は1か所に5粒の点まき 間をあけてまく

間引きがしやすいように、種と種の間をあけてまきます。3～4日で発芽します。

直径3cm、深さ1cmくらいのくぼみを、5～6cm間隔であける。ペットボトルのキャップを押しつけるようにするとあけやすい。

くぼみの縁に沿って、間をあけて5粒の種をまく。土をかぶせて水やりする。

3～4日で発芽！

2 間引き・追肥

間引きは2回、週1回の液肥を

種まきから1週間くらいたって、双葉が開いたら間引きと追肥をします。

双葉が開いたら1か所2本に間引く。

間引き後。葉がふれ合わないようになっている。このあと、500倍に薄めた液体肥料をまく。

2回めの間引きは、本葉2～3枚のとき。1か所1本に間引き、根元に土を寄せる。間引いた苗は食べられる。その後、液肥を1週間に1回与える。

3 収穫

根元がふくらんできたら抜き取る

丸形の品種は、根元が直径3cmくらいに丸くなってきたら収穫の適期です。

根元を持って抜き取る。

色や形の違う品種をつくり分けると食卓がカラフルに。数種類のタネがミックスされたものも販売されている。

1

2

3

ジャガイモ

ナス科

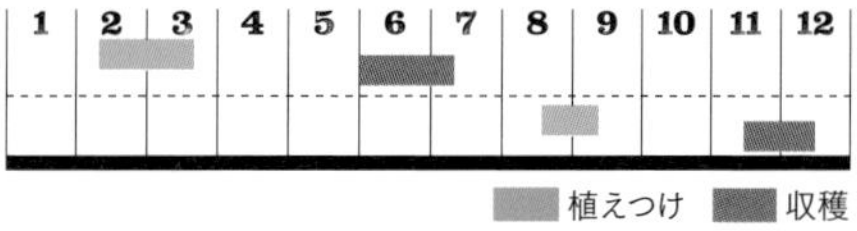

掘り出すときが楽しみ、どんなイモが出てくるかな

イモ類のなかでは、植えつけから約3か月で収穫できるスピード派。小さな種イモ1つから、大きなイモがごろごろとれて、つくりがいがあります。大きな袋でつくるか、プランターの場合は深型を選びます。途中、新しい土を足してイモが太るスペースをつくってやります。秋に植えつけをするときは、種イモが腐りやすいので、切らずにそのまま植えてください。

必要なスペース

幅　：50cm
高さ：70 ～ 90cm
奥行：50cm
プランターサイズ：深型
または60cm×100cmの袋

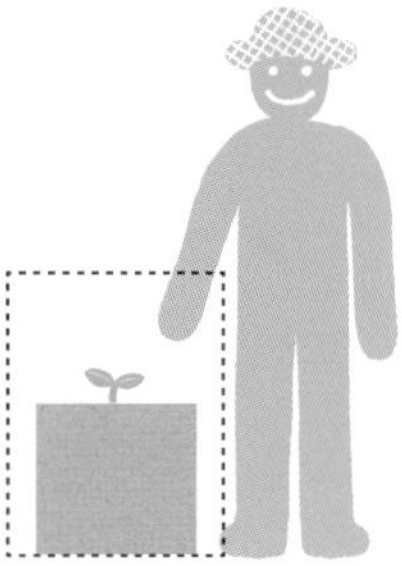

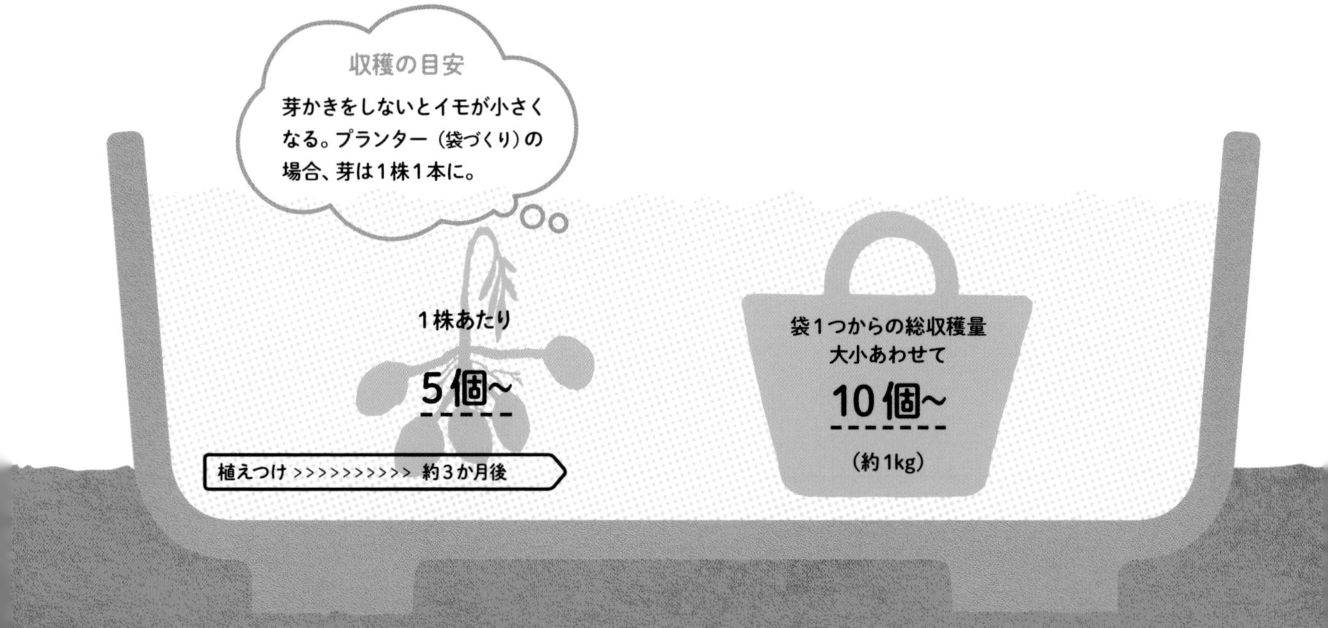

1 植えつけ

植えつけ時の土の量は、容器の半分

芽の数が均等になるように縦に切り分けて、切り口を乾かします。

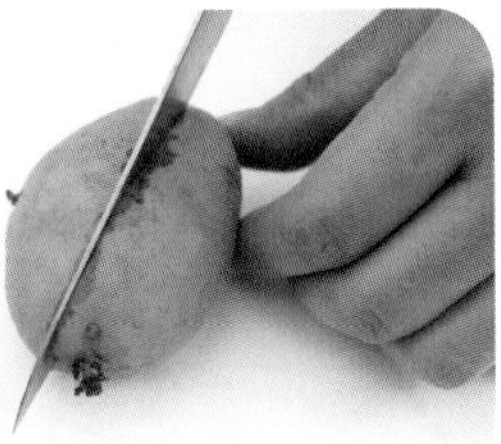

1片が50 ～ 60ｇくらいになるように種イモを切り、切り口を半日程度乾かす。小さいものは切らずに植えてよい。

袋は2/3くらいの高さで端を折っておく。袋の底に鉢底石を入れて、土を半分くらいまで入れる。

切り口を下にして、間をあけて種イモを3個置き、その上に10cmくらい土をかける。

2 芽かき・追肥

元気のよい芽を1本残す

植えつけから3 ～ 4週間くらいたったら、何本か出てきた芽のうち元気のよいものを残す「芽かき」をします。

芽が15 ～ 20cmになったら、3か所とも大きくて元気のよい芽を1本だけ残す。残す芽を押さえて、抜けないよう注意して抜く。

芽かき後、化成肥料30ｇを芽のまわりにまき、新しい土を10cm分ほど足して増し土する。さらに花が咲き始めたら、同量の化成肥料を追肥する。

3 収穫

とり残しがないかよく探る

葉が枯れてきたら、収穫の合図です。茎の根元を持って引っぱります。

とりごろは、葉が茶色くなって枯れたころ。

根元を持って引き上げる。土中にイモが残っていることがあるので、よく探す。

ミズナ

アブラナ科

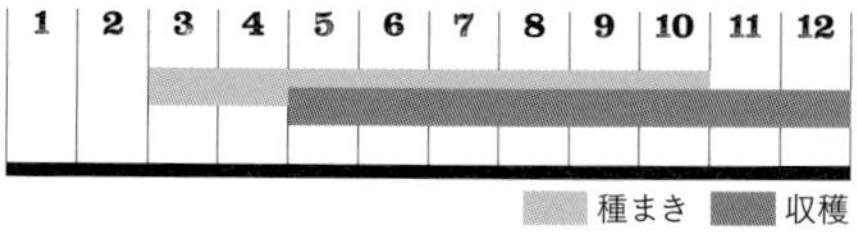

小株から大株まで いつでも収穫できる

草丈25～30㎝くらいがちょうどよいとりごろですが、5～10㎝くらいの間引き菜から食べ始めることができます。1株おきに収穫して残った株をさらに育てれば、根元の直径が10～15㎝程度の大株になります。ほぼ1年じゅう種まきできて栽培期間も短い、使い勝手のよい葉ものです。

必要なスペース

幅　：60㎝
高さ：50㎝
奥行：30㎝
プランターサイズ：標準

1 種まき

1㎝間隔ですじまき、2列にまくとおトク

種と種の間隔は約1㎝。土をかけたら手のひらで軽く押さえて、種と土を密着させます。

10 ～ 15㎝の間隔をあけて種をまく溝を2本つくる。短い棒を押しつけるようにするとかんたん。

溝に約1㎝間隔で種をまいて、薄く土をかけて手のひらで押さえる。たっぷりと水をやる。

2 間引き・追肥

2回の間引きと1回の追肥で育てる

種まきから1週間程度を目安に1回めの間引きをします。2回めの間引きはさらに7日後、同時に追肥もします。

双葉が開くころから本葉1～2枚の間に、2～3㎝間隔に間引く。

本葉が4～5枚になったら、4～5㎝間隔になるように根元から切り取る。間引き後、化成肥料10ｇを列と列の間にまいて肥料と土を混ぜ合わせながら、根元に土を寄せる。間引いた苗は食べられる。

3 収穫

小株どり→大株どりを楽しむ

草丈が25 ～ 30㎝になったら収穫スタート。1株おきに収穫して間隔を広げれば、さらに大きな株に生長します。

種まきから約1か月後、25 ～ 30㎝の長さに伸びてきたら根元をハサミで切る。

間隔をあけて収穫すれば、根元から新しい葉が伸びて、ひと回り大きく育つ。

シュンギク

キク科

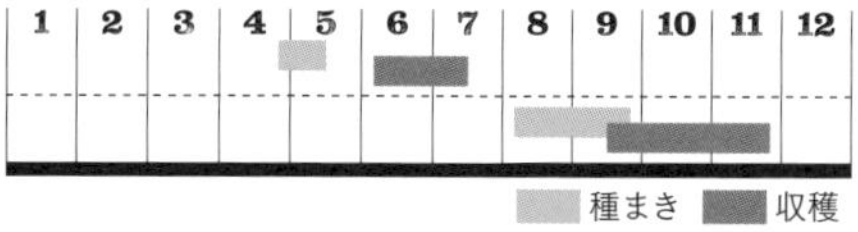

わき芽を伸ばして、どんどん収穫

鍋物に欠かせないシュンギクは、ベランダでつくりたい野菜のひとつです。3回の間引きで10cm間隔に広げたあとは、主枝《しゅし》を摘み取って、枝分かれしたわき芽を摘んで収穫を続けます。必要な分だけわき芽を摘み取るようにすれば、繰り返し収穫ができ、たっぷり食べられます。とりたては香りがよく、生のままサラダで食べてもおいしい！

必要なスペース

幅　：60cm
高さ：50 ～ 60cm
奥行：30cm
プランターサイズ：標準

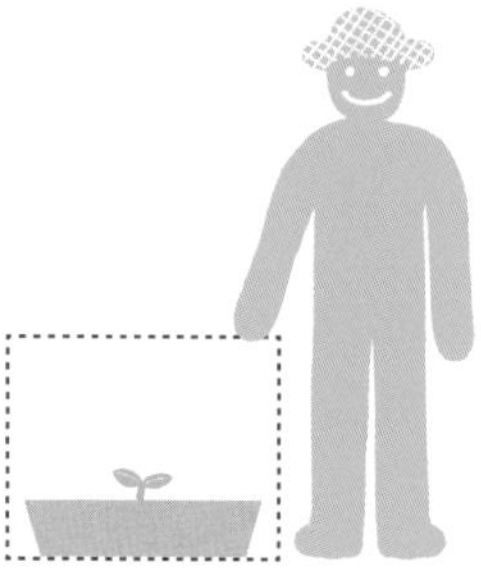

1 種まき

2列のすじまきに種にかける土はごく薄く！

光に当てたほうが発芽しやすいので、土は種が見え隠れするくらいに薄くかけます。種まきから1週間～10日で発芽します。

細い棒を押しつけて、10～15cmの間をあけて種をまく溝を2本つくり、1cm間隔で種まきする。

ふるいを使って、ごく薄く土をかぶせる。手のひらで押さえて種と土を密着させて、たっぷりと水やりする。

2 間引き・追肥

3回の間引きで10cm間隔に

双葉が開いたら3cm間隔に間引き、本葉3～4枚のときに5cm間隔、本葉5～6枚のときに10cmに間隔を広げます。追肥は2回です。

本葉3～4枚のころ、2回めの間引き。葉が少し触れ合うくらいの間隔に間引く。根元から引き抜いても、ハサミで切ってもよい。2回め以降の間引き菜は食べられる。

2回めと3回めの間引き後、化成肥料10gを列と列の間にまく。土と混ぜ合わせ、土寄せして株を立たせる。土が減っているようなら新しい土を足す。

3 収穫

間引き菜＋主枝＋わき芽を収穫

主枝を収穫したのち、わき芽が伸びて盛んに枝分かれするので、枝の長さが10～15cmになったら随時収穫します。

草丈が20cmくらいになったら、葉を4～5枚残して主枝を切り取る。

わき芽の長さが10～15cmになったら、切り取る。

ルッコラ

アブラナ科

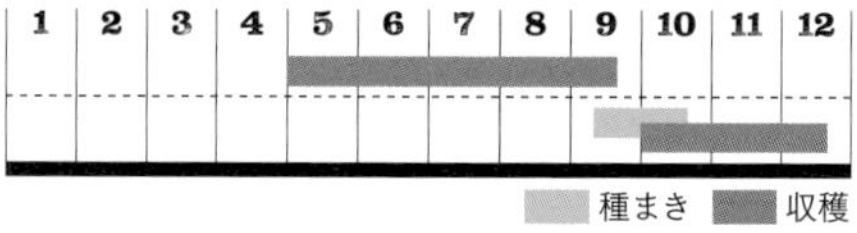

外側の大きな葉を摘み取り収穫

イタリア料理に欠かせないゴマの香りのするハーブです。英名はロケットといい、コマツナやホウレンソウとはひと味違う、さわやかな香りが楽しめます。発芽率がよく、生長が早く、栽培は容易。大きく育った葉を１枚ずつ摘み取って利用します。買うとけっこう値が張りますが、プランターでつくればたくさんとれて使い放題です。

必要なスペース

幅　：30cm
高さ：30cm
奥行：30cm
プランターサイズ：小型

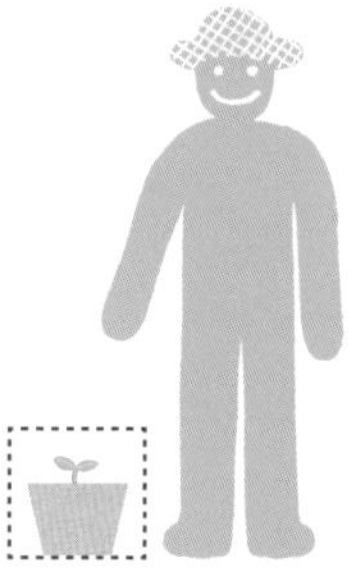

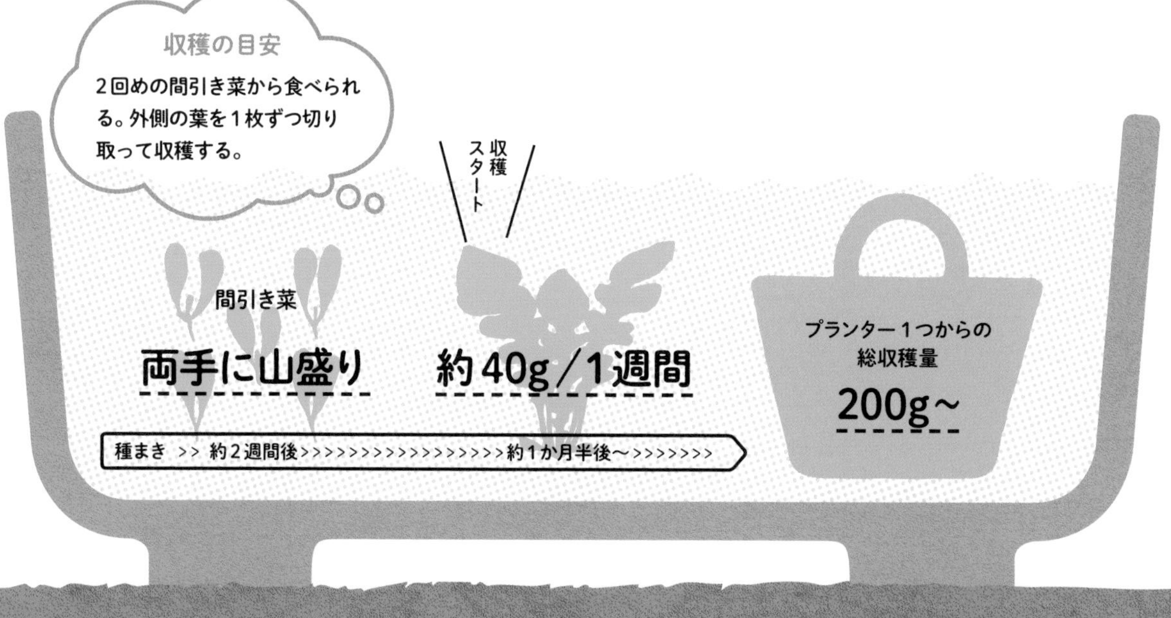

1 種まき

丸形プランターにばらまき

種まき後は発芽するまで毎日水やりを。4～5日で発芽します。

1～2cm程度の間隔をあけて、種をばらまきする。標準サイズの角形プランターの場合は、2列のすじまきがよい。

種の上からふるいで土をかける。手で軽く押さえたあと、水やりする。

2 間引き・追肥

間引きは2回、追肥は1回

種まきから1週間後くらいと、本葉5枚のときに間引き。2回めの間引き後に追肥をします。

1回めの間引きは双葉が開いたころから本葉2～3枚の間に。2～3cm間隔にする。

2回めの間引きで5～6cm間隔に。間引き後、葉にかからないよう手で押さえながら、化成肥料5gを全体にぱらぱらとまく。2回めの間引き葉は食べられる。

3 収穫

葉を摘み取りながら長く楽しむ

本葉が10枚程度に生長したら、本格的な収穫が始まります。外側の葉をハサミで切り取ります。

2回めの間引き菜。まだ苦みも少ない。

外側から大きな葉を1枚ずつ切り取って収穫する。1回の収穫量は1株あたり2～3枚程度。

リーフレタス

キク科

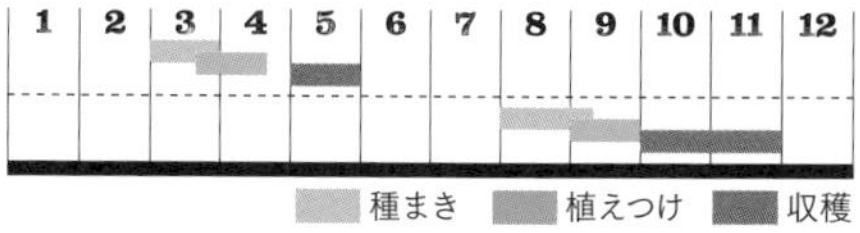

外側の葉をかき取りながら長く収穫を楽しむ

ふつうの玉になるレタスに比べてつくりやすく、種から育ててもさほど難しくありません。外側の葉をかき取る収穫法は、育てながら収穫していくので、少しずつ長く食べ続けることができます。葉っぱが赤い品種もあるので、いっしょにつくれば見た目もきれいです。苗を購入して植えつけてもよいでしょう。

必要なスペース

幅　：60㎝
高さ：40 ～ 50㎝
奥行：30㎝
プランターサイズ：標準

1 種まき

ポットに種をまいて土を薄くかける

種まき後は、発芽するまで毎日の水やりを欠かさずに。1週間～ 10日で芽が出てきます。

直径9㎝くらいのポリポットの8分めくらいまで土を入れて、表面を平らにならす。

1つのポリポットに4～5粒の種をまいて、ふるいで土を薄くかける。レタスの種は土を厚くかけると発芽しにくいので、土はごく薄く。手で軽く押さえて水やりする。

2 間引き・追肥

2回の間引きを経て1ポット1本に

種まきから10日～2週間後に1回めの間引きをします。2回めの間引きはさらに10日後です。

1回めの間引き。本葉1～2枚のとき、2本に間引く。

2回めの間引きは本葉3～4枚のとき。1ポット1本にして、水で500倍に薄めた液体肥料を与える。間引いた苗は、別のポットに植え替えることもできる。食べてもOK。

3 植えつけ

本葉4～5枚まで育てて植えつけ

15～20㎝の間をあけて苗をプランターに植えつけます。

ポットの大きさくらいの穴をあけて、苗を植える。土を寄せて軽く押さえる。

植え終わったら、たっぷりと水やりする。

4 追肥

植えつけの２週間後から定期的に

植えつけから約２週間後、葉が伸びて生長を始めたら追肥を。以後、２週間に１回、同量を与えます。

株がひと回り大きくなったところで、化成肥料10ｇを株のまわりに円を描くようにまく。

5 収穫

葉が10枚くらいになったら収穫スタート

株の直径が20～25㎝に生長したら、外側の大きな葉からはがすように折り取ります。収穫中も定期的な追肥を欠かさずに。

外側の大きな葉をかき取る。1回の収穫で、1株3～4枚を目安に。

プランターに3～4株あればいちどの収穫でざるが山盛りに。

ミックスレタスをじかまきで育てても

ベビーリーフで食べるなら、鉢にじかに種をまき、間引き収穫で楽しみましょう。鉢は小さいものでＯＫ、種をばらまきします。種は数種類がブレンドされたミックスタイプを選べば、見た目にもカラフルできれいです。

葉がわずかに触れ合うくらいの間隔をあけて間引いていき、そのつどベビーリーフとして食べる。間引いた苗をほかに植え替えてもよい。追肥は液体肥料を7～10日に1度が目安。

葉の長さが10㎝くらいになったら、根元から切るか、1枚ずつ葉を切り取って収穫する。取りきれずに残った株を大きく育てればリーフレタスに。

ベランダサイズ！
ミニ野菜

プランター栽培がちょっと難しそうな野菜も、
ミニ品種を選べば気軽にチャレンジできます。
ミニ野菜は、株が小ぶりで場所をとらず、
育てやすく、収穫までの時間が短めなのがメリット。
食べきりサイズで、料理にも重宝します。

ミニトマト／ミニダイコン／ミニニンジン／
ミニタマネギ／ミニキュウリ

ミニトマト

ナス科

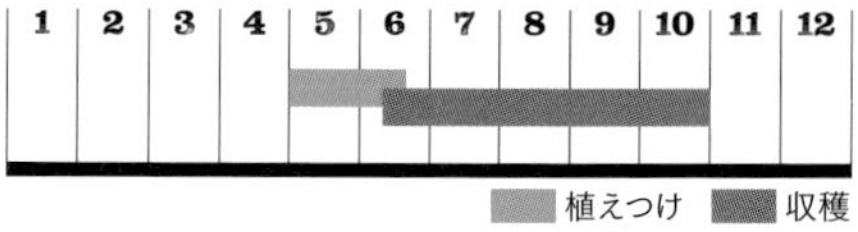

プランター菜園の人気NO.1

ミニトマトは、家庭菜園でいちばんの人気野菜。大玉トマトよりもつくりやすく、熟した実を次々と収穫できます。肥料が途切れないよう3週間に1回の追肥を続けて、秋口まで収穫します。追肥は、ゆっくりと効く肥料を使います。目標は1株で100個です。赤色、黄色、オレンジ、ブラックなどさまざまな色、球形、プラム形などさまざまな形があるので、いろいろ育ててカラフル菜園にしても楽しい！

必要なスペース

幅　：50 〜 60㎝
高さ：2m
奥行：50 〜 60㎝
プランターサイズ：深型

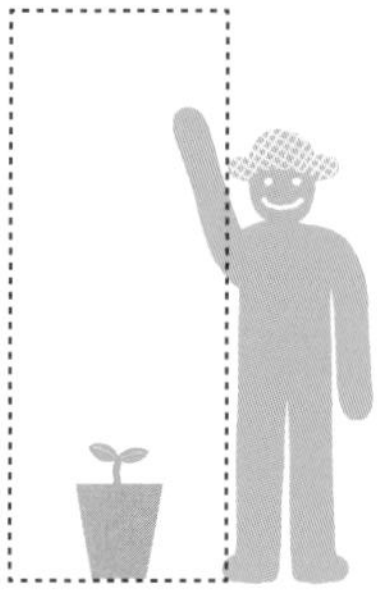

1 植えつけ

植えつけ後は、仮支柱を立てて株を安定させる

種から育てるのは手間がかかるので、
苗を購入してスタートするのがおすすめです。
根のまわりについている土（根鉢《ねばち》）をくずさないよう、ていねいに植えます。

葉の緑色が濃すぎず、葉と葉の間の茎が詰まって短いのがよい苗。1番花（最初の花）が咲いたころが植えつけのベストタイミング。風のない暖かい日の午前中を選ぶとよい。

苗を植えたときに、根鉢の土の高さがプランターの縁から2㎝くらい下にくるように土を入れ、ポットから抜いた苗を、プランターの中心に置く。

苗のまわりに土を入れて、根鉢の高さと土の高さが同じになるように調節する。

長さ40㎝くらいの仮支柱を株の脇に斜めに差し、交差部分をひもでしばって株を安定させる。植えつけ後、水をたっぷりと与える。

2 わき芽取り

わき芽は早めにかき取る

主枝《しゅし》（茎）と葉の間から出てくるのがわき芽。ほうっておくと枝となり、栄養が分散してしまうので、見つけたらそのつど、かき取ります。

わき芽は葉のつけ根に伸びる。間違えて葉を取らないように。ハサミを使うと病気が感染する心配があるので、手で摘む。そのままにしておくと、葉がこみ合って病気や害虫が発生しやすくなる。

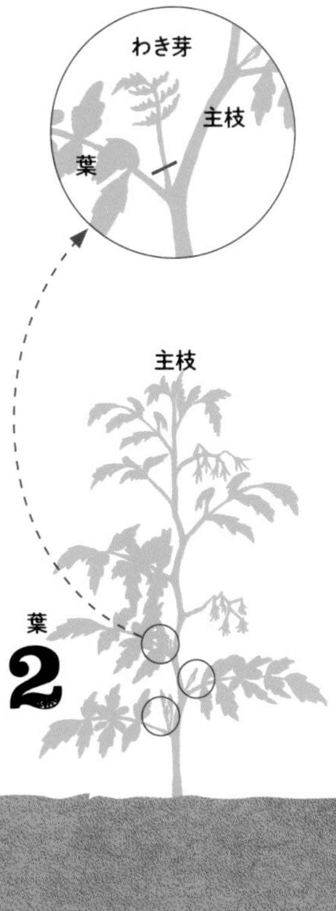

3 支柱立て

株が倒れないよう支柱で支える

植えつけから約2～3週間後、本支柱を立てて、ひもで主枝と支柱を結びつけます。

植えつけから2～3週間後、株から少し離れたところに長さ180cmの支柱を垂直に立てる。

ところどころで主枝と支柱をひもで結んで、株を安定させる。ひもは、株の生長分を見越して、枝にゆるく巻いたあと、支柱にしっかりと結びつける。

4 人工授粉

確実に実らせるために、花を軽く揺らす

実のつきをよくするために、開花した朝に人工的に授粉《じゅふん》させてやります。特に1段めに確実に実を着けることがだいじです。

低温や雨など、環境条件が悪いときは受粉や受精がすすみにくくなる。そこで、確実に実らせるために花が咲いた日の午前中に、花の先端を指で軽くはじいて授粉させる。花房全体を棒で軽くたたいて揺すってもよい。

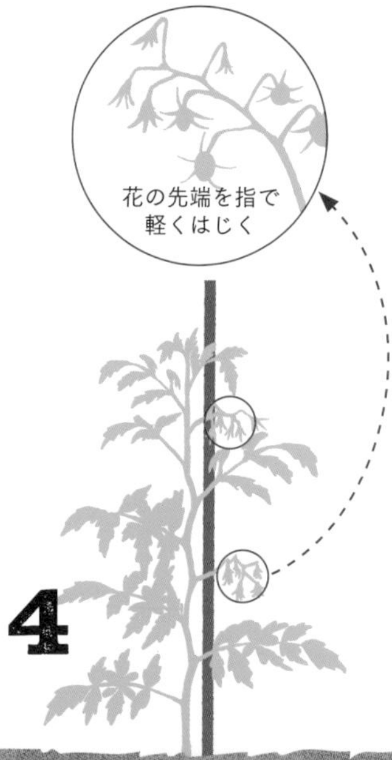

5 追肥

1段めの実が大きくなったら追肥スタート

植えつけから約1か月後、最初の実が大きくなったら、株まわりに追肥します。以後、3週間に1回の割合で同量の肥料を与えます。

1段めの実が大きくなってきたら追肥のタイミング。

株のまわりにゆっくりと効く肥料（緩効性肥料p.123参照）を10gまいて、土と混ぜ合わせる。

最初の追肥から約3週間後、2回めの追肥をする。

土のかさが減っているようなら、新しい土を足す。

5

6 収穫

真っ赤に熟した実から次々収穫

へた近くまで色づいた実は完熟のしるし。完熟してから収穫すれば、トマト本来のおいしさが味わえます。

へたの部分からハサミで切り取る。

写真はプラム形のミニトマト「アイコ」。病気に強くつくりやすい品種。

6

7 摘心

支柱より高く伸びてきたら、先端をカット

支柱と同じくらいに草丈が伸びてきたら、ハサミで主枝の先端（生長点）を切り、生長を抑え、実の生長を促します。

いちばん上の花房から上、2～3枚の葉を残して、その先を切り取る（摘心《てきしん》）。

先端を切らずに、写真のようにしてもよい。結んでいたひもをほどいて、主枝を支柱にらせん状にゆるく巻くように下げて要所を再度ひもでとめれば、草丈が抑えられる。茎を折らないよう慎重に。茎の水分が少なくなる午後に作業すると折れにくい。

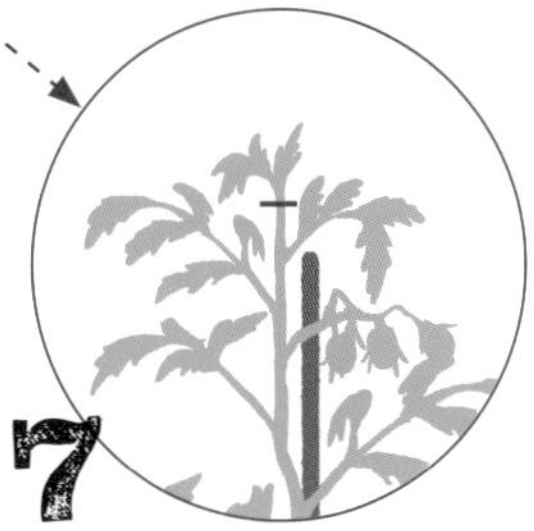

7

ミニダイコン

アブラナ科

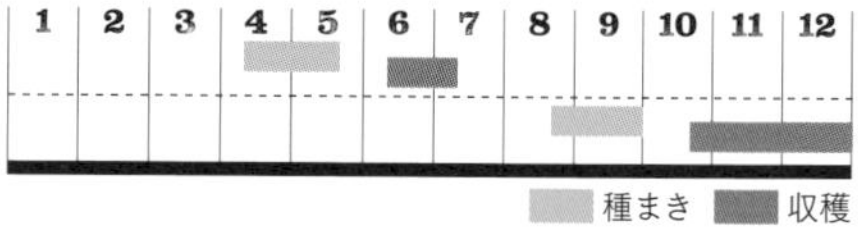

みずみずしくて甘い、とりたてダイコン

プランターで根菜類《こんさいるい》をつくるには、ミニサイズの品種を選ぶことがポイント。深いプランターを用意して、根が伸びるスペースをつくってやります。ミニダイコンは、根の長さが約20㎝前後。とりたてを食べきれる、使い勝手のいい大きさが人気です。品種によって種まきの適期が異なるので、栽培時期に合わせて選びましょう。

必要なスペース

幅　：60㎝
高さ：40 〜 50㎝
奥行：30㎝
プランターサイズ：大型

1 種まき

小さなくぼみをつけて 5粒の種を点まきに

1か所に5粒の点まきにします。発芽までは4～5日。最後は1本だけを残すので、多少発芽が悪くても、心配ありません。

プランターの中央に、直径5㎝、深さ1～2㎝のくぼみをつける。プリン型のようなものを押しつけると簡単にできる。くぼみの間隔は15～20㎝程度。

くぼみに種を5粒まく。種がくっつきすぎていると間引きがしにくいので、くぼみの縁に沿って間をあけてまく。土をかけて手のひらで押さえて、たっぷり水やりする。

2 間引き・追肥

間引き3回、追肥は2回、じっくり根を太らせる

双葉が開いたら3本、本葉3枚で2本、本葉5枚で1本に間引きます。2回めの間引き後に化成肥料をまきます。3回めの間引きのあとに最後の追肥を。

1回めの間引きは双葉が開いたら。1か所3本に間引く。その後、本葉3枚で2回めの間引き。2本に間引き、化成肥料を1株あたり3～4ｇまく。

3回めの間引きは本葉5枚のとき。1か所1本にして、化成肥料を1株あたり3～4ｇ株のまわりにまき、土が減っているようなら、新しい土を足す。

3 収穫

根元の直径が7～8㎝になったらとりごろ

2回めの間引き以後の間引き菜は、さわやかな辛みがおいしい葉ダイコン。むだなく利用してください。

葉がやわらかい間引き菜は、おひたしや煮びたしに。

根が十分に太り、地上にせり上がってきたら、株元を持って引き抜く。

ミニニンジン

セリ科

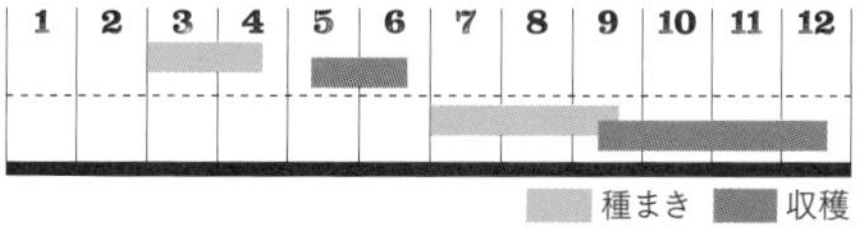

サラダで食べたい、甘いニンジン

ニンジン栽培はうまく発芽させられるかどうかが、成功のカギ。無事に発芽すればニンジンづくりの半分は成功したようなものです。ニンジンの種は、土をかけすぎると発芽しにくいうえ、乾燥に弱いのが特徴。種まき後は、土を薄くかけて発芽まで毎日水やりをしてください。ミニニンジンならプランターでもつくれ、ふつうのニンジンよりも早くとれるので、ビギナーにもぴったりです。

必要なスペース

幅　：60㎝
高さ：40 ～ 50㎝
奥行：30㎝
プランターサイズ：標準

1 種まき

種はすじまき 土を薄くかけて

種まきから10日〜２週間で発芽します。乾燥に弱いので発芽までは毎日の水やりを忘れずに。

短い棒を押しつけて、深さ5㎜くらいの溝をつくる。10 〜 15㎝の間隔をあけて２本つくる。

1㎝間隔で種をまき、種が見え隠れする程度に薄く土をかける。手のひらで押さえ、水やりする。ニンジンの種は土を厚くかぶせると発芽しにくいので、ふるいを使って薄くかけるとよい。乾燥防止に不織布や寒冷紗をかぶせるのも効果的（p.20参照）。

2 間引き・追肥

間引きは３回、追肥は２回 最後は5㎝間隔に

本葉２〜３枚で２〜３㎝間隔、本葉４〜５枚で３〜４㎝間隔、本葉６枚で５㎝間隔にします。追肥は１回めと３回めの間引き後の２回です。

本葉２〜３枚になったら１回めの間引き。間引き後、化成肥料10gを列と列の間にまいて土となじませる。

２回めの間引き。本葉４〜５枚のとき、３〜４㎝間隔に間引く。２回め以後の間引き菜は食べられる。３回めの間引きは本葉６枚のとき。5㎝間隔にして、化成肥料10gを列と列の間にまく。

3 収穫

間引き菜も、りっぱな収穫

間引き収穫を楽しみましょう。最終的な収穫は、種まきから約70日後。根元が太ってきたら収穫します。

3回めの間引き菜。葉もさわやかな香りがあっておいしい。ゆでて、おひたしやゴマ和えなどに。

株元を持って引き抜く。

ミニタマネギ

ヒガンバナ科

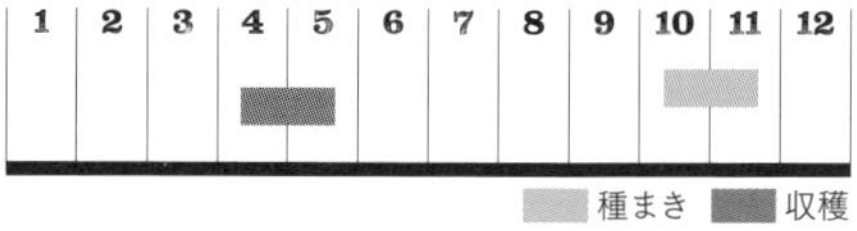

煮こみ料理に丸ごと使える便利野菜

直径3cmほどで収穫するミニタマネギ。ペコロスともいい、ピクルスやシチュー、ポトフなどの料理に丸ごと使えて重宝します。ふつうのタマネギの種でも、株間を狭くする密植栽培でつくることができますが、ミニ品種の種を選んだほうがつくりやすいでしょう。種まきから収穫まで約半年と、やや時間はかかりますが、じっくりベランダで育っていく姿も愛嬌たっぷりで楽しめます。

必要なスペース

幅　：60cm
高さ：40cm
奥行：30cm
プランターサイズ：標準

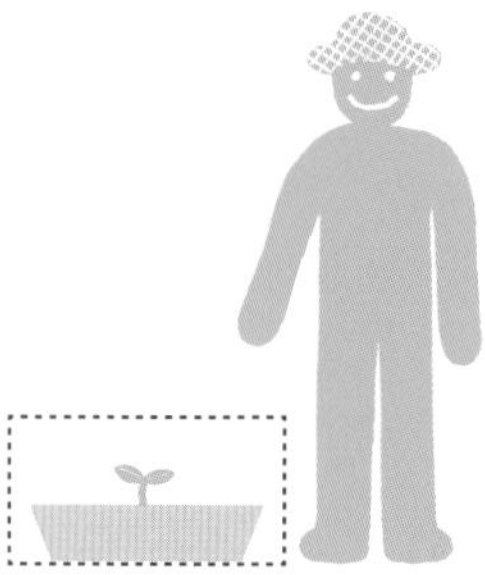

1 種まき

1cm間隔にすじまき、たっぷり水やり

種は乾燥に弱いので、発芽するまでは毎日水やりを。種まきから5～8日で芽が出てきます。

10～15cmの間をあけて、種をまく溝を2本つくる。短い棒を使うとかんたんにできる。

1cm間隔で種をまく。土をかけて手のひらで押さえ、水やりする。

2 間引き・追肥

2～3回の間引きで5cm間隔にする

最終の間引きでとれる間引き菜は、葉タマネギというりっぱな野菜。家庭菜園ならではの味です。

1回めの間引き。草丈3～4cmくらいになったら、2～3cm間隔に間引く。

2回めの間引き。草丈が7～8cmになったら、5cm間隔に間引く。化成肥料10ｇを列と列の間にまいて株元に土を寄せる。

株がこみ合ってきたら、3回めの間引きをしてもよい。葉も食べられる。

3 収穫

球の直径3～4cmで収穫

春になると根元が丸くふくらみ始めます。とりたてはみずみずしく、辛みもマイルド。傷みやすいので、早めに食べきりましょう。

球の直径3～4cmがとりごろ。

株元を持って引き抜く。

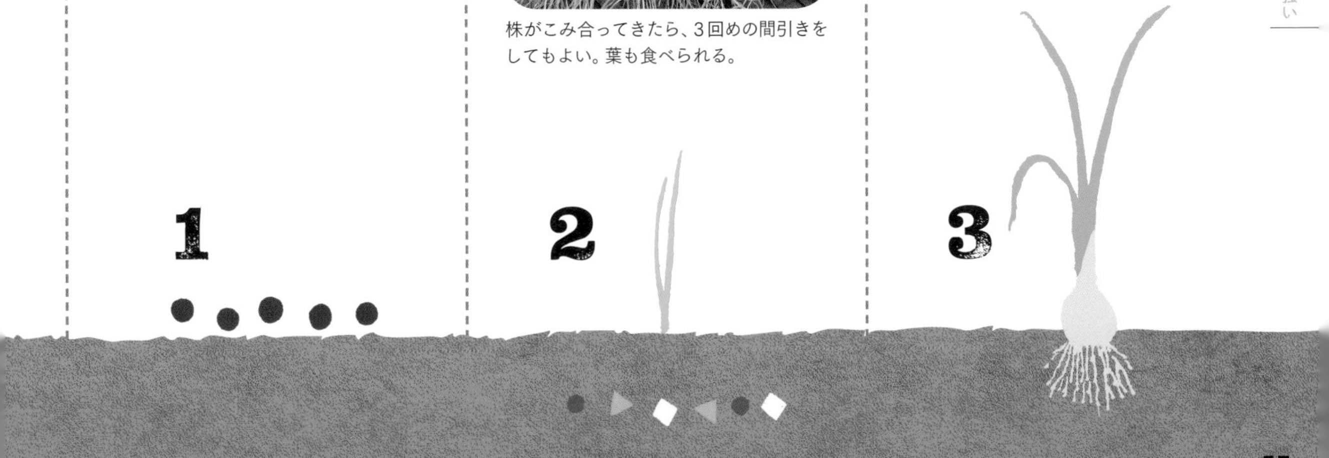

ミニキュウリ

ウリ科

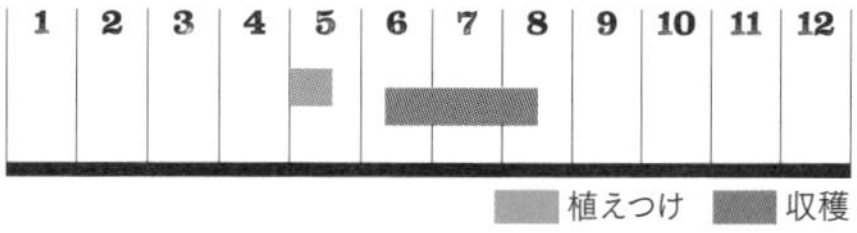

長さ10cm前後の手のひらサイズ！

パリパリとした歯ごたえがおいしいミニキュウリ。株が大きくなりすぎず、ベランダ栽培にちょうどよいサイズで、さまざまな品種の苗が出回ってきました。節ごとに実がつく、節《ふし》成《な》りタイプを選べば、2～3日おきに次々と収穫できておトクです。支柱をあんどん型に立てて、枝を巻きつけていけば、葉の広がりを抑えて、コンパクトに栽培できます。早めの収穫を心がけて長く楽しみましょう。

必要なスペース

幅　：50～60cm
高さ：1.2m
奥行：50～60cm
プランターサイズ：深型

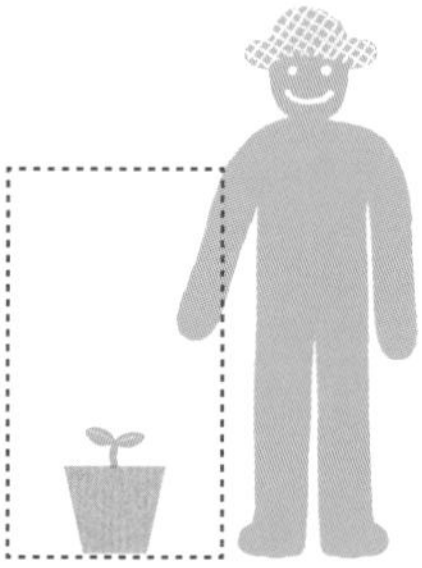

1 植えつけ

よい苗を選んで、深鉢に1株植え

暖かい環境で生育がよくなるので、十分に気温が上がってから植えつけます。

本葉4～5枚くらいが植えつけの適期。種から育てるのは手間がかかるので、市販の苗からスタートするのがおすすめ。

プランターの深さの半分くらいまで土を入れて中心に苗を置く。まわりから土を入れ、たっぷりと水やりをする。

2 整枝・支柱立て

適切な整枝《せいし》で葉を茂らせすぎず、あんどん型の支柱に巻きつける

生育の初期は株を大きくすることに養分が使われるように、下から5枚めまでの葉のつけ根から伸びたわき芽や雌花を摘み取ります。

花のつけ根の部分がふくらんでいるのが雌花。本葉5枚めまでについたものはすべて摘み取る。

葉のつけ根から出るわき芽。下から5段めまでは摘み取る。

あんどん型の支柱（高さ120㎝）を立てる。

ひもで支柱と主枝を結ぶ。以後、主枝を支柱に沿ってらせん状にからませ、ところどころを結びつける。

1

2

3 追肥

定期的な追肥で株の勢いをキープ

植えつけから約3週間後から追肥を始めます。以後3週間に1回、化成肥料を株まわりにまきます。

株が生長を始めたら、化成肥料10ｇをまいて、土と混ぜ合わせる。土が減っているようなら新しい土を足す。

生長が早いので、まめに主枝を支柱に結びつけるようにする。

4 収穫

長さ10㎝くらいがいちばんおいしい

やや小ぶりのうちがおいしいので、長さ10㎝くらいで収穫します。

ハサミで切り取る。

とり遅れると後の生長にひびくので、早めの収穫を心がける。

ふつうのキュウリも支柱やネットを使えば栽培できる

実の長さが20㎝前後になる通常のキュウリは、葉が大きく、主枝やつるが長く伸びるので、広いスペースが必要になりますが、支柱を合掌式に立てたり、園芸用のネットを張ったりすれば、ベランダでも育てることができます。ミニキュウリと同様に下から5枚めの葉までは、葉のつけ根から出たわき芽や雌花を摘み取ります。その後も、育て方はミニキュウリとほぼ同じです。

実がつくと、重たくなるので、支柱はしっかりと頑丈に組むと良い。

1株から大収穫
すずなり野菜

実を収穫して食べる野菜は、１つの株から何度も収穫できたり、
一度にどっさり収穫できるおトクな野菜です。
すずなりのコツは、定期的に肥料を与えること。
実をつけすぎて、株のスタミナがなくなる「なり疲れ」を防ぐため、
追肥など、こまめに世話をして株の勢いを保つことがポイントです。

ナス／ピーマン／トウガラシ／インゲン
イチゴ／ブルーベリー／スナップエンドウ

ナス

ナス科

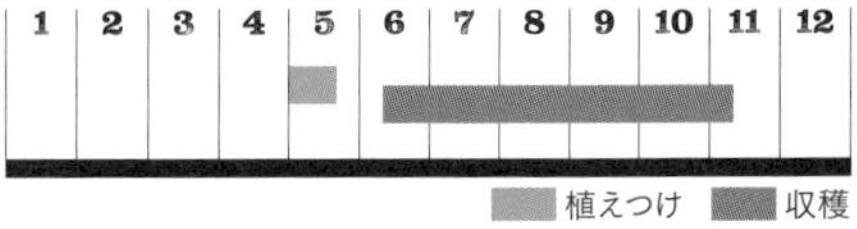

ベランダで大豊作！
次々実るナス

夏野菜の代表といえばナス。熱帯原産なので、暑くなるとともに株の勢いが増して、どんどんとれるようになります。主枝《しゅし》（主茎）と2本の側枝《そくし》（わき芽）を残し、その他の枝を切って株を整理（整枝《せいし》）することで実つきがよくなります。また、最初の実は、少し小ぶりのうちに収穫して、株を大きく生長させましょう。定期的な追肥で、初夏から晩秋まで長くとれます。

必要なスペース

幅　：60cm
高さ：1.2～1.5m
奥行：60cm
プランターサイズ：深型

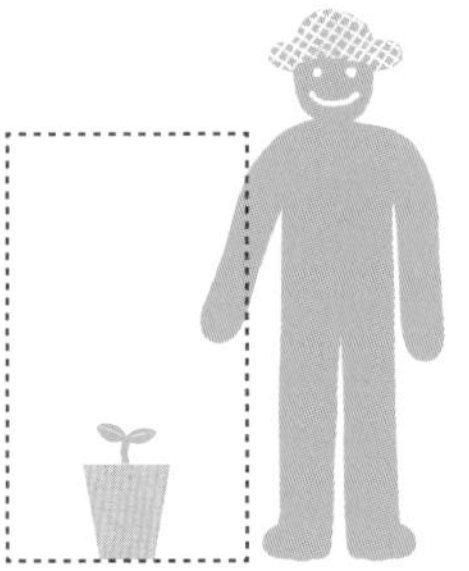

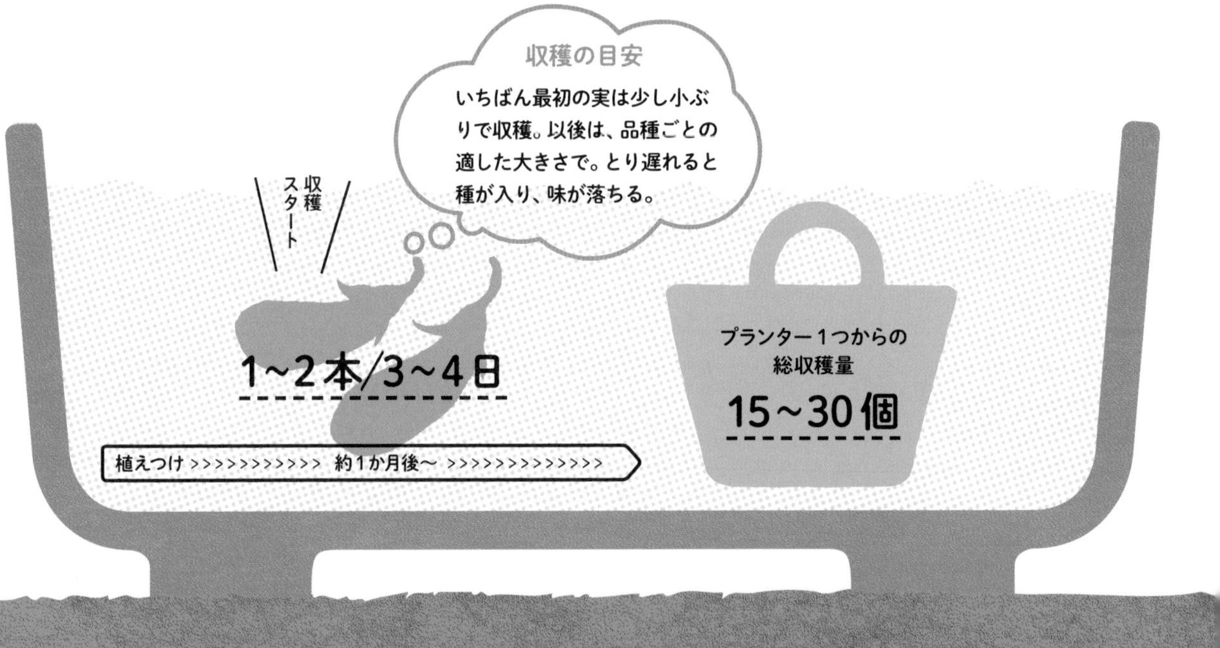

1 植えつけ

直径30㎝以上の深鉢に1株

苗の土の高さが、プランターの土の高さより少し上に出るように、浅く植えつけます。
種から育てるのは手間がかかるので、市販の苗からスタートするのがおすすめです。

最初の花が咲き始めるころ、本葉6～7枚くらいが植えつけの適期。

プランターの半分くらいまで土を入れる。

指のつけ根で苗をはさみ、もう一方の手でポットを持ち、苗を抜く。

苗を仮置きして、土の高さを調節する。

苗の周囲に土を入れる。深植えをしないように注意。

仮支柱を株のわきに斜めに立てる。

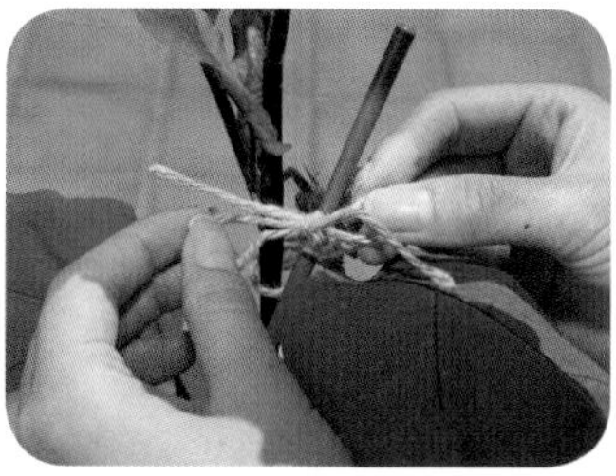

茎と支柱をひもで8の字に結ぶ。

植えつけ後、たっぷりと水やりをする。

2 整枝

1番花が咲いたら 3本仕立てにする

苗を植えつけてから1～2週間後、
主枝と1番花《いちばんか》(最初の花)の下の2本のわき芽を伸ばし、
その下のわき芽を摘み取り、3本仕立てにします。

最初の花(1番花)が咲き始めたら、整枝と支柱を立てるころあい。

最初の花の下2本のわき芽を残して、それより下のわき芽をすべて摘み取る。

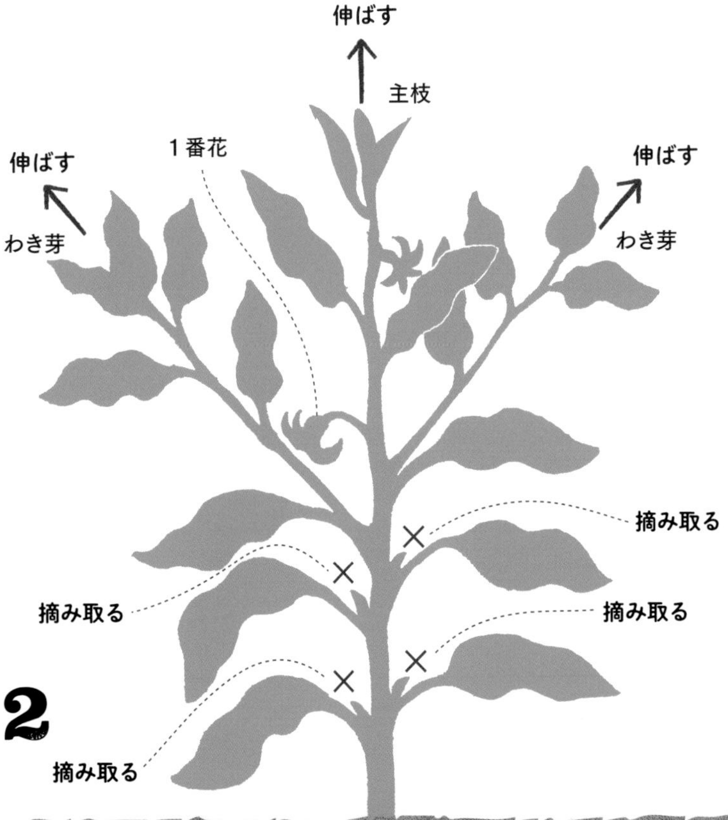

2

3 支柱立て

本支柱を立てて 株を支える

枝が伸び、実がなっても倒れないように120㎝長さの支柱を立て、ひもで結びます。

支柱を立てて、株が倒れないように、ところどころをひもで結ぶ。

ひもを支柱と枝の間でひとひねりする8の字結びに。

3

4 追肥

定期的な追肥で株を疲れさせない

植えつけから1週間〜10日後、最初の追肥をします。化成肥料10gを株のまわりにまきます。

プランターの縁に沿って、化成肥料をまく。土のかさが減っているようなら、新しい土を足す。以後、3週間に1度、同様に追肥を行う。

乾燥に弱いので、水やりは定期的に。

4

5 収穫

長さ10〜13cmで収穫 夏場はどんどんとれる

植えつけから約1か月後、最初の実がなりますが、株の生長に養分を回すために小さいうちに収穫します。

最初の実はひと回り小さい7〜8cmくらいのうちにとる。

水やりをかかさず、定期的に追肥をしていけば、秋まで収穫できる。

ナスは品種によって収穫サイズがまちまち。長卵形ナスの場合は、10〜13cmになったらへたから切り取る。へたの部分に鋭いとげがあるので要注意。写真のナスは「黒福」という、皮がやわらかくて人気の品種。

5

ピーマン

ナス科

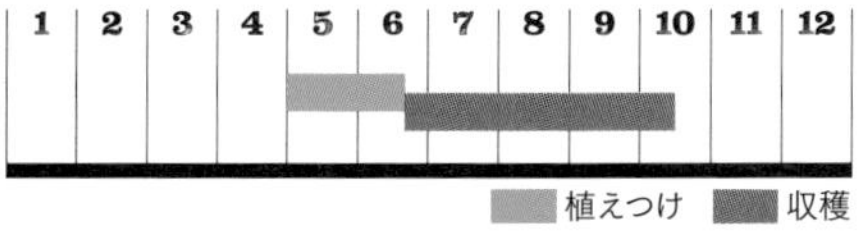

夏から晩秋まで長期間とれる

ピーマンが緑色なのは、未熟なうちに若どりするため。熟すと赤くなりますが、その分日数がかかるので、たくさん収穫したいなら緑色のうちに収穫するのがおすすめです。つくりやすいのは、果実の長さが7～8cmの中果種といわれるタイプです。高温を好むので、暑くなるまでは生長はゆっくり。とれだすと次々と実がつくようになります。害虫にも強く、実もの野菜のなかでは育てやすいでしょう。

必要なスペース

幅　：60cm
高さ：1.2～1.5m
奥行：60cm
プランターサイズ：深型

1 植えつけ

十分に気温が上がってから植えつける

同じ時期に植えるトマトやナス、キュウリに比べて寒さに弱いので、十分に暖かくなってから植えつけをします。種から育てるのは手間がかかるので、市販の苗からスタートするのがおすすめです。

本葉10枚くらいで、1番花が咲き始めるくらいが植えつけによい状態。十分に気温が上がってから植えつける。

プランターに土を半分くらい入れてポットから抜いた苗を置く。苗のまわりに土を入れる。

苗が倒れないよう仮支柱を立てて、枝を支柱にひもで結びつける。

植えつけ後、たっぷりと水やりする。

2 支柱立て

株わきに垂直に立てる

植えつけから2～3週間後、苗がひと回り大きく生長したら、仮支柱をはずし、本支柱を立てます。

長さ120㎝の支柱を、株から数㎝離れたところに立てる。

枝と支柱をところどころひもでしばる。

1

2

3 整枝・追肥

3本仕立てにする

主枝《しゅし》とわき芽2本の3本仕立てにします。植えつけから約1か月後、最初の実が大きくなってきたら追肥開始。以後3週間に1回の割合で追肥します。

最初の花（1番花）のすぐ下2本のわき芽を残して、それより下はすべて摘み取る。（ナスの整枝p.64参照）

追肥は化成肥料10ｇを株のまわりにまく。土が減ってきたら、新しい土を足す。

4 収穫

実の長さが7～8㎝になったら

へたの部分から切り取って収穫します。追肥を続けて株の勢いを維持すれば、収穫は秋まで続きます。

ハサミで切り取る。3～4日おきに1～2個の収穫を目標に。

うまく育てれば秋まで収穫できる。

シシトウも同じつくり方でOK!

シシトウもピーマンの仲間で、同じ栽培法でつくれます。辛みがなく、炒め物や揚げ物の彩りに重宝します。

長さ7～8㎝で収穫。土が乾きすぎると辛くなることがあるので、水やりに注意。

いったんなりだすと、次々にとれる。

トウガラシ

ナス科

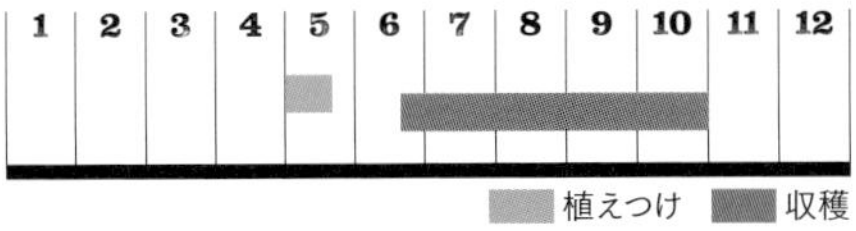

１株あれば
ひと家族で十分の収穫量に

熱帯原産のトウガラシは低温に弱く、はじめの生長はゆっくりですが、暑くなってきて実がなりだすと次々に収穫できます。青いうちに摘めば、さわやかな香りの青トウガラシ。赤く熟したものは乾燥させれば長期保存もでき、重宝します。1株でかなりの収穫があります。多くの品種があるので、気に入ったものを育ててください。

必要なスペース

幅　：40cm
高さ：70cm～ 1m
奥行：40cm
プランターサイズ：標準

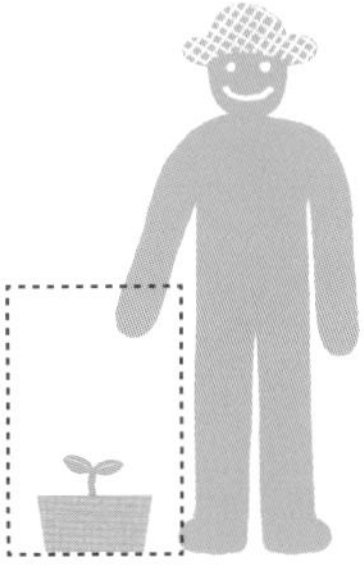

1 植えつけ

容量10～15ℓの標準サイズのプランターに植えつける

種から育てるのは手間がかかるので市販の苗からスタートするのがおすすめ。寒さに弱いので十分に気温が上がって（15℃以上）から植えつけを。苗は、葉がピンと広がって元気がよく、つぼみまたは花が開き始めているものがベストです。

プランターに土を半分くらい入れる。

株が倒れないよう仮支柱を立てて支える。

ポットから抜いた苗を置いて、まわりに土を入れる。

茎と支柱をひもで8の字に結ぶ。植えつけ後、たっぷりと水やりする。

1

2 支柱立て

3本仕立てにして支柱を立てる

主《しゅ》枝《し》とわき芽2本を伸ばして、3本仕立てにします。それより下のわき芽をすべて摘み取ります。

わき芽は、主枝と葉の間から出る。1番花のすぐ下の2本のわき芽を残して、それよりも下のわき芽はすべて摘み取る。
（ナスの整枝p.64参照）

摘み取ったわき芽は、ピリッと辛い葉トウガラシとして食べられる。

2

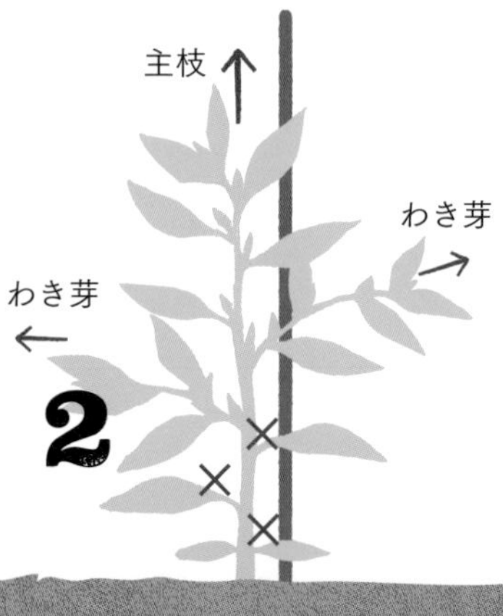

整枝前。下のほうの葉が茂っている。

整枝後。さっぱりした姿に。その後、長さ90cmの支柱を株のわきに垂直に立て、ひもでしばる。

3 追肥

最初の実が大きくなったら追肥開始

肥料切れしないように、定期的に追肥をしていけば、長期間の収穫が楽しめます。

1番めの実が大きくなってきたら、最初の追肥。化成肥料10ｇを株のまわりにまく。

4 収穫

青い実を楽しんだあとは、赤く熟させて

植えつけから約1か月半で青トウガラシの収穫、赤トウガラシは熟すまでしばらく時間がかかります。

実がふくらんできたら、いつでも収穫できる。青トウガラシは刻んで料理に入れたり、柚子コショウの材料に。

赤くなった実は、1本ずつ摘み取ってもよいし、枝ごと切って風通しのよいところで乾燥させてもよい。しっかりと乾燥させれば長期保存できる。

インゲン

マメ科

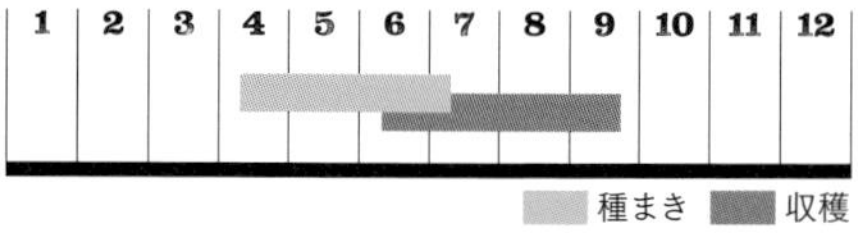

短期間で収穫する つるなし種がおすすめ

インゲンには、つるのあるものとないものがありますが、つるなし種のほうが収穫までが早く、ネットなども使わずにコンパクトにつくれるので、ベランダ栽培にはおすすめです。つるなし種のなかでも、さやの切り口が平らなもの（平さや種）を選ぶと、大きくて食べごたえがあります。肥料が多すぎると葉ばかりが茂って実がつかないことがあるので、追肥の分量やタイミングを守りましょう。

必要なスペース

幅　：60cm
高さ：50cm
奥行：30cm
プランターサイズ：標準

1 種まき

1か所に3粒の点まきに

芽が出るまで5～7日かかります。発芽までは毎日水やりします。

プランターの中央に、30cmの間隔をあけて、直径5cm程のくぼみを2か所あける。

くぼみに種を3粒まいて土をかぶせ、水やりする。

2 間引き・追肥

本葉2～3枚で1本に

間引きが終わったら、化成肥料15gをまきます。追肥はこの1回だけ。その後、短い支柱を立てて支えます。

本葉2～3枚のとき、元気のよい株を1か所に1本残してほかを引き抜く。間引いた苗はほかに植えてもよい。

1本にしたら、化成肥料15gを株のまわりにまく。実がついたときに重みで株が倒れるのを防ぐため、株わきに長さ30～40cmの支柱を立てて支える。

3 収穫

さやがやわらかいうちに収穫を

開花から10日～2週間後、さやの長さが15～17cmになったら収穫です。

大きく育ったさやから、ハサミで切り取って収穫する。とり遅れると、さやがかたくなるので早めに収穫する。

写真は平さや・つるなし種の「つるなしインゲン ジャンビーノ」。種まき後55日前後で収穫できる。

イチゴ

バラ科

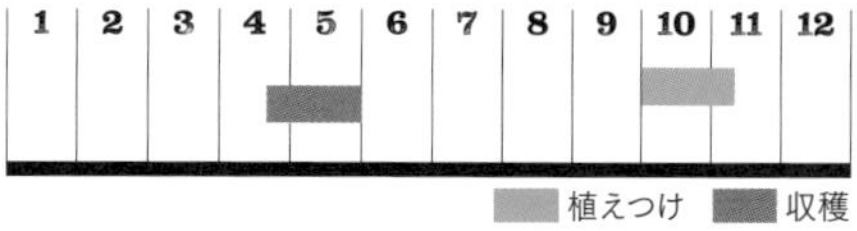

自宅でイチゴ狩りも夢じゃない！

家庭菜園でつくってみたい人気野菜の一つ。いまは12月に店頭に並ぶことが多いイチゴですが、本来の旬は春。秋に植えつけて、冬を越し、春に花を咲かせて実をつけます。冬の間はほとんど生長せず、枯れたようになりますが、クラウンのあたりに緑の部分があればだいじょうぶ。収穫後、株の根元から伸びる茎（ランナー）から翌年の苗がつくれます。

必要なスペース

幅　：40cm
高さ：40cm
奥行：40cm
プランターサイズ：標準

1 種まき

浅く植えてクラウンに土をかけない

市販の苗を購入します。葉のつけ根にあるクラウンという部分を土に埋めないよう、浅く植えるのがコツ。

植えつける前にクラウンとランナーを確認する。購入した苗についている数cmの短い茎はランナーといい、親株からつながっていたところ。

ポットからはずして苗を植えつける。ランナーの反対側に実がつくので、植えるときは、ランナーを鉢の内側に向けると収穫しやすくなる。

植えつけ完了。

2 追肥

年内1回、春先に1回

追肥は、植えつけから1か月ほどたって生長を始めたときと、花が咲き始めたときの2回。ゆっくり効く肥料（緩《かん》効性《こうせい》肥料）をまきます。

植えつけの約1か月後、株元に緩効性肥料を1株あたり4～5gまく。

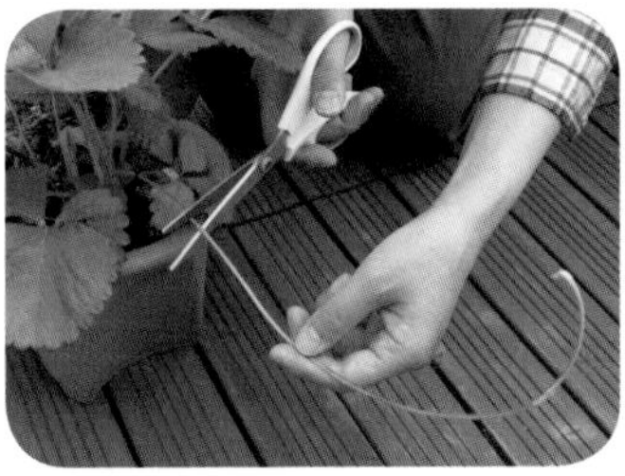

株の根元から盛んにランナーが伸びてくるが、株を充実させるために切り取る。

暖かくなって花が咲き始めたら緩効性肥料を1株あたり4～5gまく。虫がたくさんいる場所なら問題ないが、高層階のベランダなど、虫による受粉が難しい環境のときは、筆で花の部分をなでるなどして人工授粉するとよい。

3 収穫・苗づくり

赤く熟した実から摘み取る

実が大きくふくらんで、赤くなったら収穫です。 収穫が終わったら、来年の苗づくりに挑戦を。

赤くなった実からハサミで切り取って収穫する。

収穫が終わったら、ランナーを伸ばし翌年の苗をとる。ランナーの先に子株ができるので、ポットにのせて根づかせる。翌年植えつけるのは、親株から離れた第2子株以降が望ましい。

ブルーベリー

ツツジ科

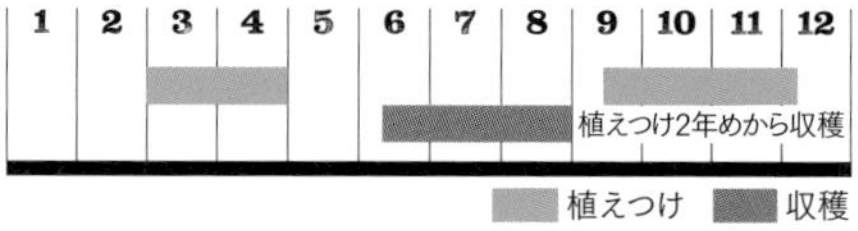

ベランダでもOK！
育てやすい果樹

野菜ではありませんが、かんたんにつくれる果樹として人気の高いブルーベリーも、ベランダ菜園のアイテムに加えたいもの。気温への適応力や収穫時期の違いによっていくつかの系統があり、同じ系統のなかから品種違いのものを２株以上育てるようにすると、実のつきがよくなります。使う土はふつうの野菜栽培用のものと異なるので、注意しましょう。

必要なスペース

幅　：40㎝（1年め）
高さ：50～70㎝（1年め）
奥行：40㎝（1年め）
プランターサイズ：深型

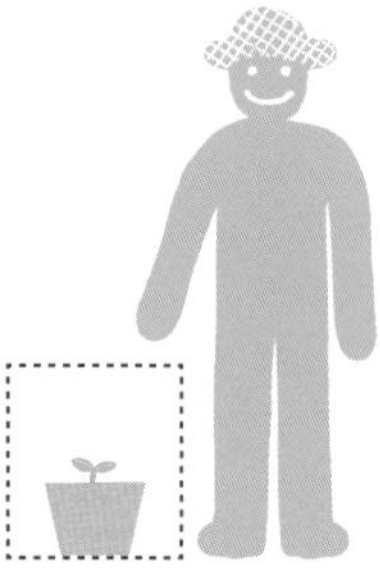

1 植えつけ

ブルーベリー専用の土を使う

同じ系統で品種の違う苗を2株以上と、土を用意します。
土は酸性の土を好むので、市販のブルーベリー用の土を求めるのが早道です。
購入した苗よりもふた回りほど大きい素焼き鉢に植え替えます。
土の多湿を嫌うので、水はけのよい素焼きの鉢がおすすめです。

苗の植えつけに使う資材一式。苗はラビットアイ系統の「ウッダード」と「ティフブルー」を各1株ずつ、直径30cmの素焼き鉢2個、ブルーベリー用の土、鉢底石。

素焼き鉢の底に鉢底石を置く。ネットに包むと扱いやすい。

ポットから苗を取り出し、根鉢（根のまわりについている土）を軽くほぐす。

苗を置いてまわりから土を入れ、浅めに植えつける。植えつけ後、たっぷりと水やりをする。

2 追肥・収穫

ボカシ肥をひとつかみ

冬は水やりを控え、乾かしぎみに育て、花が咲き始めたら、毎日水やりをします。2～3年をめどにひと回りずつ大きな鉢に植え替えます。

植えつけから2週間後、ボカシ肥（油かすと骨粉を練って発酵・乾燥させた肥料。市販されている）をひとつかみまく。その後、春の新芽が伸び出す前、収穫後、冬をむかえる前の年3回、同様に追肥する。

春に花が咲き、実をつけ始め、夏に収穫する。

黒紫色に熟したものから摘み取る。

スナップエンドウ

マメ科

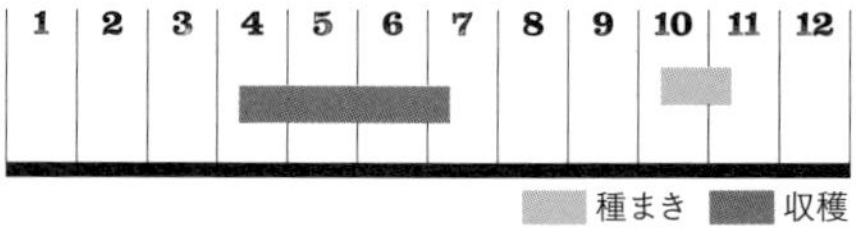

さやが甘い！
たくさんとれる！

エンドウには若いさやを食べるキヌサヤや実を食べるグリーンピースなどがありますが、さやも実も食べるスナップエンドウが、さやも肉厚でボリュームがあっておトク感バツグン！　肥料分が多すぎるとさやがつきにくくなるので、追肥の間隔と分量を守りましょう。スイートピーのような花も愛らしく、早春のベランダに彩りを添えます。

必要なスペース

幅　：70～80㎝
高さ：1～1.2m
奥行：40㎝
プランターサイズ：大型

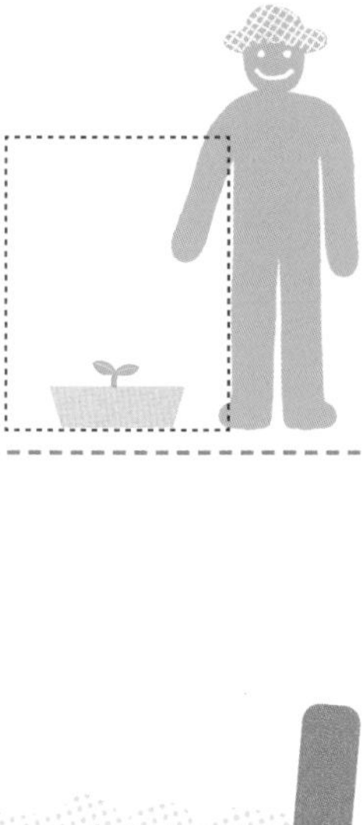

1 種まき

1か所に5粒の点まきに種は間隔をあけてまく

20cm以上の間隔をあけて、2か所に種まきをします。発芽まで4～7日くらいかかります。

間隔をあけて、1か所に5粒ずつ種をまく。

指で種をおしこみ、土をかけて手のひらで押さえ、水やりする。

2 間引き・支柱立て

1か所2本にして支柱を立てる

草丈15cmくらいになったら2本にします。冬場は大きな生長はありません。春になったら、支柱を立てて、つるをはわせるスペースをつくります。

1か所2本に間引く。残す株の根を傷めないよう、株元をハサミで切り取る。

プランターの両端に長さ120cmの支柱を2本立てる。上部で横に支柱を渡して補強し、ひもで結ぶ。

支柱の間に、麻ひもを縦横それぞれ20cm間隔に張る。

株の重さがかかるので、支柱は頑丈につくる。土に差した部分を針金などで補強するとよい。

1

2

3 追肥

生長を始めたら、追肥スタート

春になると、少しずつつるが伸びてきます。
肥料は月1回ずつ合計3回、化成肥料を1株あたり5gまきます。

つるがはい上るようになったら、1株あたり5gの化成肥料を株元にまく。

移植ごてで肥料と土をなじませる。

つるがからんでいかないときは、ひもで結びつけるとよい。

春、草丈が伸びて花が咲き始める。

4 収穫

さやの長さ7～8㎝で

さやが大きくふくらんできたら収穫です。さやを持って引っぱるか、へたの部分から切り取ります。

さやの長さが7～8㎝になったら、ハサミで切り取る。手で摘み取ってもよい。

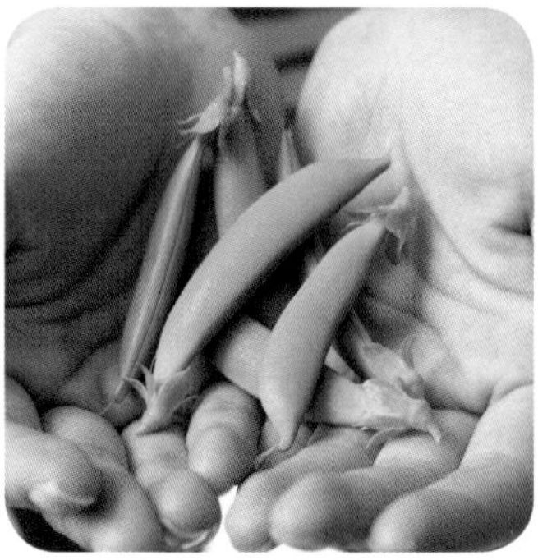

収穫の目安は2～3日おき、1回の収穫で5～6個のさやがとれる。

ベランダにあると重宝

香味野菜&ハーブ

ちょっとずつあると便利な香味野菜とハーブは、まさにベランダ菜園向き。
使いたい分だけそのつどベランダから摘んでくればいいのです。
とりたての香味野菜は買ってきたものよりも断然香りが強く、
勢いがあって長もちするのも魅力です。手軽につくって手軽に使う、
キッチンハーブこそベランダ自給をめざしましょう。

シソ／ショウガ／ニンニク／ミツバ／ワケギ／
ミョウガ／バジル／イタリアンパセリ

シソ

シソ科

ベランダで育てれば いろんな段階で食べられる

料理の薬味やあしらいに大活躍するシソ。間引きをしながら少しずつ食べていき、最終的に育てるのは2～3株もあれば十分。発芽直後の芽ジソから、香りのよい大葉（葉ジソ）、花穂を摘み取って穂ジソ、実（種）ができたら実ジソとして、さまざまな生長段階の味わいが楽しめます。青ジソ、赤ジソ、チリメンジソなど品種もいろいろあるので、用途によってつくり分けても。

必要なスペース

幅　：60㎝
高さ：50～60 ㎝
奥行：30㎝
プランターサイズ：標準

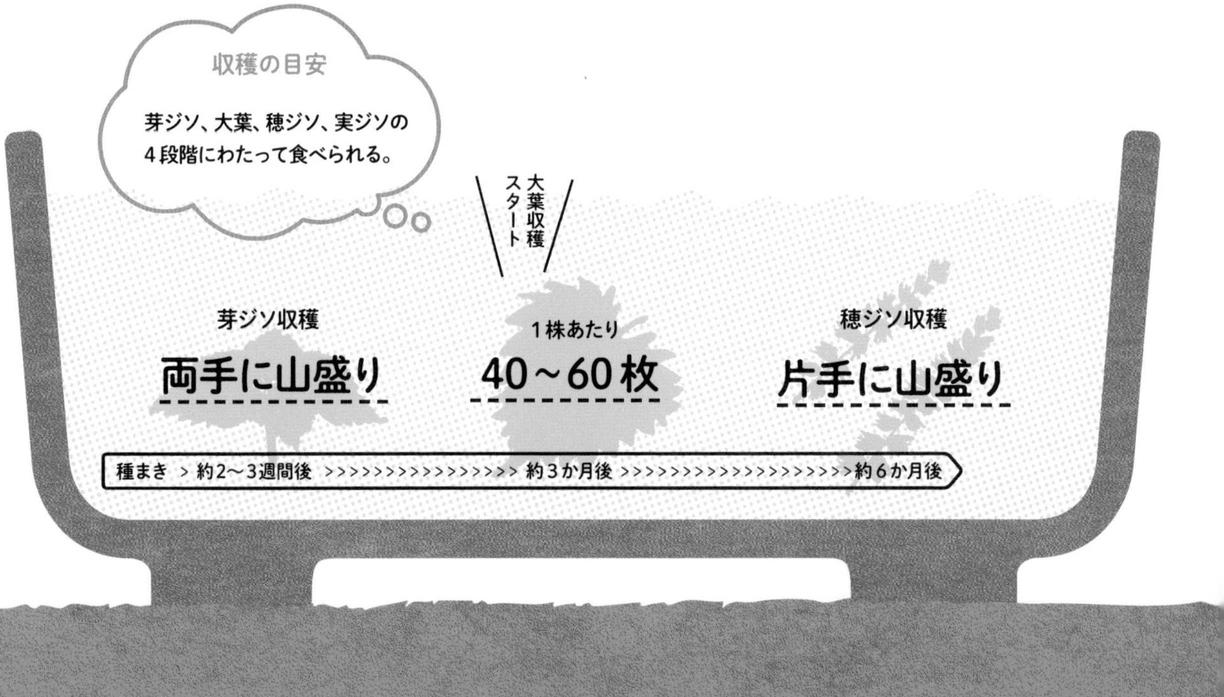

1 種まき

種はばらまき、土は薄くかける

発芽までは10日～2週間。こぼれ種が自然に発芽するほど性質が強いので、種まきはかんたんです。

1～2㎝の間隔をあけて種をばらまきする。

ふるいで土をかける。発芽に光が必要なので、薄くかけること。手で押さえて種と土を密着させ、たっぷりと水やりする。発芽までやや日数がかかる。その間、土が乾かないように注意。

2 間引き・追肥

間引きのたびに収穫、追肥は月１回

１回めの間引きは双葉が開いたころ。この間引き菜の芽ジソから食べられます。最終的には２～３株にします。

双葉が開いたころ、３～４㎝間隔に間引く。写真は２回めの間引き。本葉３～４枚で５～６㎝間隔に間引く。

２回めの間引き菜。香りがよく、サラダや和え物などに重宝する。

その後、隣の株と葉が重なるようになったら、そのつど間引き、最終的に２～３株にする。株間が15～20㎝間隔になったころ、化成肥料10ｇをぱらぱらとまく。以後、毎月１回、同量の化成肥料を与える。

3 収穫

草丈30㎝くらいで大葉の収穫スタート

葉を摘んだあと、夏の終わりには花穂が伸び、穂に種が実るようになったら、実ジソとして利用できます。

草丈が30㎝くらいになると、わき芽も次々伸びてくる。先端を摘んで適宜収穫する。

夏場は大葉が旺盛に茂る。葉を手で摘んでもよい。

花穂が伸びてきたら、穂の半分くらいが開花したころに摘み取る。刺身のつまやサラダのトッピング、天ぷらなどに。実ジソ（シソの実）は佃煮やしょうゆ漬けに。

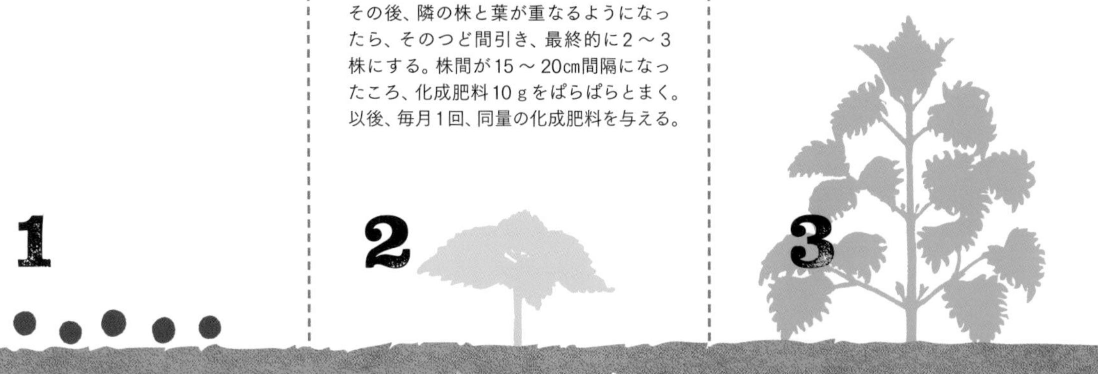

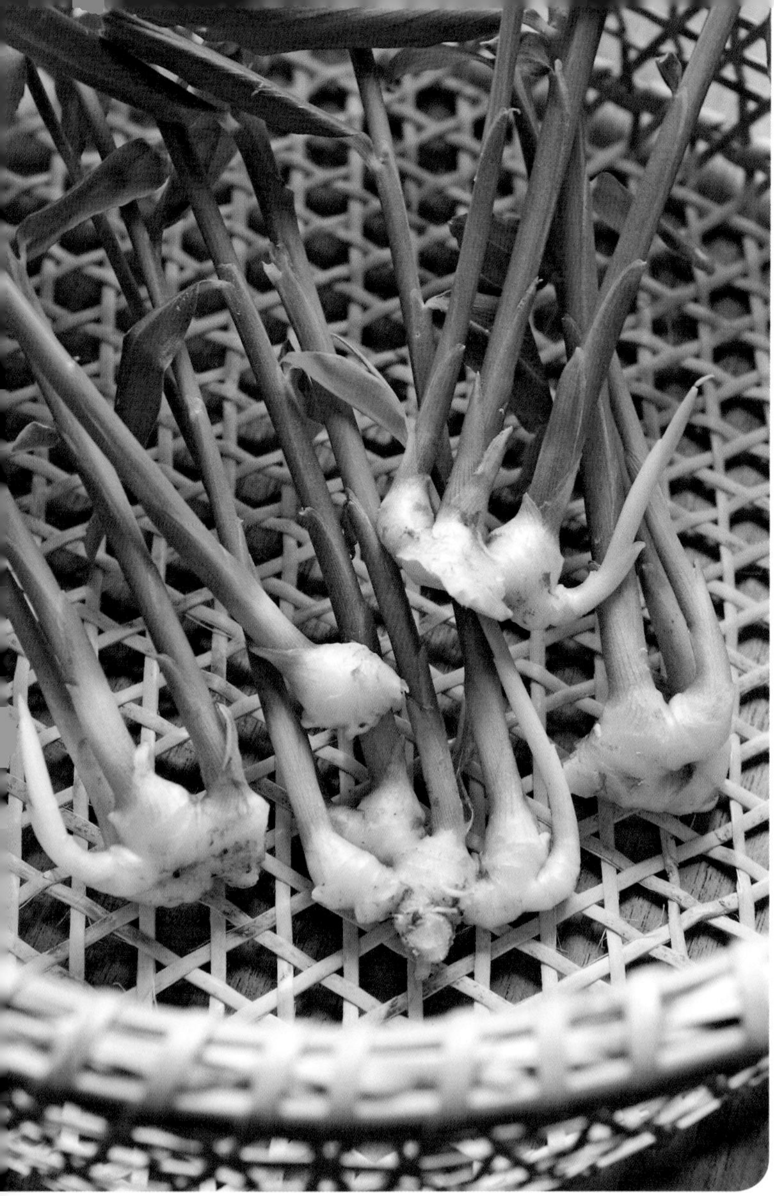

ショウガ

ショウガ科

1	2	3	4	5	6	7	8	9	10	11	12
				植えつけ		収穫（葉ショウガ）	収穫（葉ショウガ）		収穫（新ショウガ）		

植えつけ　収穫

捨てるところナシ、とことん使いきる

夏に若い葉が5～6枚開いたら収穫する葉ショウガ、晩秋までおいておけば、十分に大きくなった新ショウガ（根ショウガ）が掘り出せます。植えつけた種ショウガもヒネショウガとしておろしなどにして食べられます。乾燥に弱いので、高温の続く夏には朝晩たっぷり水やりしてください。霜が降りる前には収穫をすませましょう。

必要なスペース

幅　：60～70cm
高さ：70cm～1m
奥行：40cm
プランターサイズ：大型

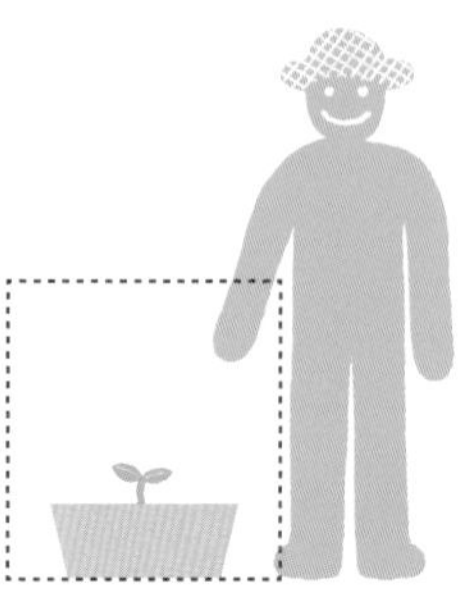

1 植えつけ

日なたに置いて芽出し

植えつけの前に、種ショウガを１週間くらい日に当てると、生育が早くなります（雨に当てないように）。植えつけ後は４～５週間で芽が出ます。

芽が少し出てきたところで植えつけ。種ショウガが大きいときは、芽をつけて１片60ｇ程度に切り分ける。

大型プランターの四隅に、それぞれ30㎝程度の間をあけて種ショウガを植える。土の深さは約10㎝、芽の出ているほうを上に向けて土をかぶせ、たっぷりと水やりする。

2 追肥

乾燥に弱いので、夏場はせっせと水やりを

芽が伸びだしたら、化成肥料20ｇを株まわりに追肥します。以降、１か月に１回、同量の化成肥料をまきます。

化成肥料20ｇ（１株あたり５ｇ）をまく。

肥料をまいたあと、株元に土を寄せる。土の量が減ってきたら、新しい土を足す。

3 収穫

夏に葉ショウガ、秋に新ショウガ

若い芽を葉ショウガで楽しみ、残りは秋まで育てます。香りのよい葉は入浴剤として利用できます。

夏場、葉が旺盛に茂ってきたら、若い芽を折り取って葉ショウガとして収穫。

残す芽が抜けないよう、株元を手で押さえて折り取る。

葉が茶色く枯れ始めたら、霜が降りる前に新ショウガを収穫。種ショウガも食べられるので捨てずに利用する。

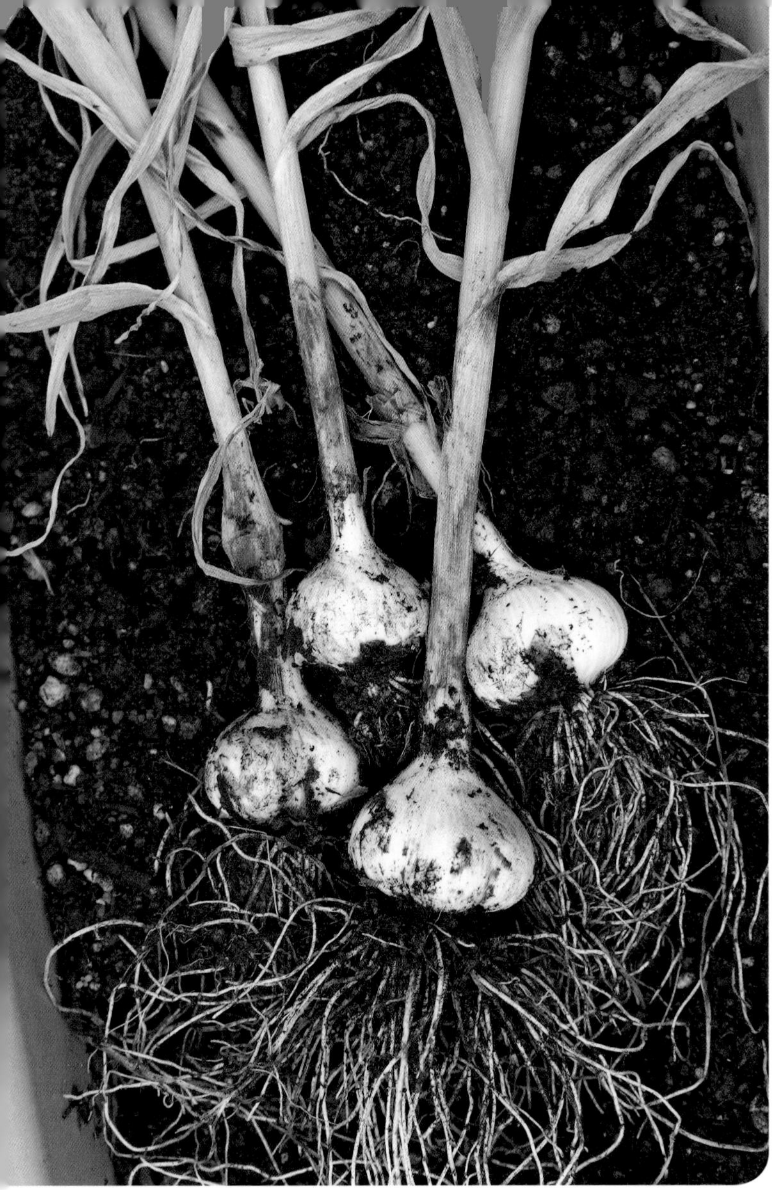

ニンニク

ヒガンバナ科

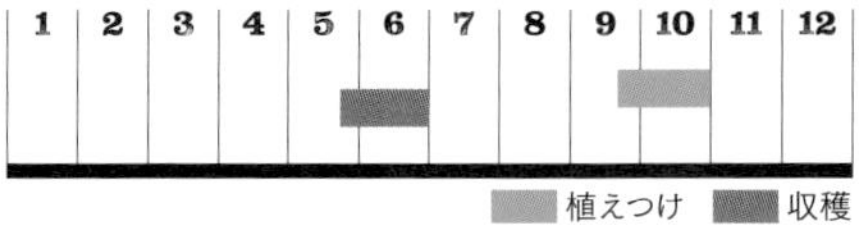

保存が利いて使いやすいスタミナ野菜

ニンニクは寒さに強く、球根を植えたあとは肥料を与えるぐらいで、さほど栽培に手はかかりません。秋に植え、初夏に葉が枯れ始めたら掘り上げます。収穫後、風通しのよい日陰につるしておけば、長く保存できて、必要な分だけ使えて便利です。気候によって育てやすい品種があるので、住んでいる地域の種苗店などで適したものを選びましょう。

必要なスペース

幅　：60cm
高さ：70cm
奥行：30cm
プランターサイズ：標準

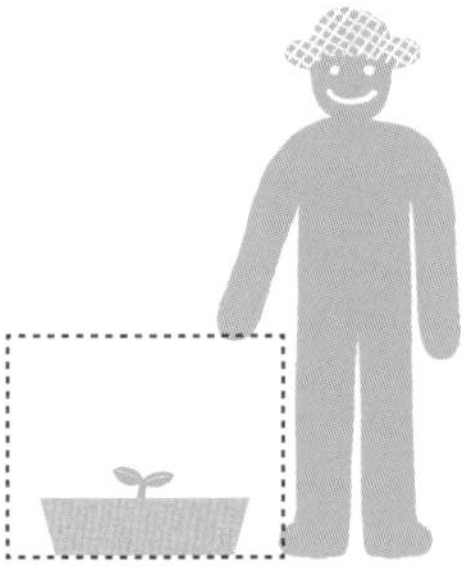

1 植えつけ

秋に植えつけをする

1片ごとに分けて、薄皮を残したまま植えつける。発芽までは約2週間、寒冷地では翌春になります。

10～15cmの間をあけて2本の溝をつくり、植えつけの目印にする。球根のとがったほうを上に向けて、溝の上に10cm間隔で置く。

球根を押し込んで、土を5～6cm程度かぶせる。

2 追肥

追肥は年内と春先の2回

発芽後は球根の養分で生長するので、しばらく手をかけずに育てます。

植えつけから約1か月後、化成肥料10ｇを列と列の間にまいて軽く土寄せする。

春先、生長を始めたら、列と列の間に化成肥料10ｇをまいて軽く土を寄せる。土が減っているようなら新しい土を足す。

3 収穫

球根が丸々と太ったら

茎や葉が枯れ始めたら収穫時期。掘り上げて乾燥させれば、秋までもち、また次のシーズンの植えつけにも使えます。

球根を掘り上げたら、根と葉を切って日陰で乾かす。

保存は風通しのよい日陰に。ネットに入れてつるしてもよい。

ミツバ

セリ科

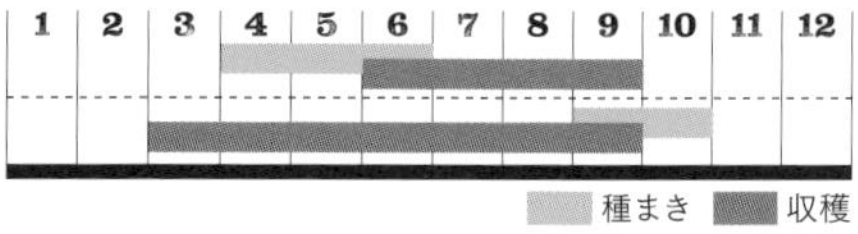

日陰でもよく育つ、香り高い和風ハーブ

日当たりの悪い場所でもつくれる貴重な野菜です。発芽に光が必要なので、種まき後は薄く土をかけます。発芽までに時間がかかるので、乾燥させないように毎日水やりを。発芽するまで不織布《ふしょくふ》や寒冷紗《かんれいしゃ》をかぶせて乾燥を防止するのも効果的です。葉を摘んでしばらくすると、新しい葉が伸びて何度も収穫できる優秀野菜です。

必要なスペース

幅　：50 ～ 60cm
高さ：30 ～ 40cm
奥行：30cm
プランターサイズ：標準

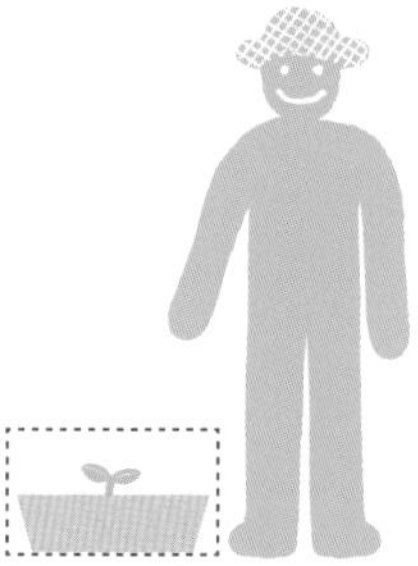

1 種まき

1cm間隔のすじまきに、土を薄くかける

発芽までは1～2週間、毎日水やりして乾燥させないようにします。

発芽をよくするために、種まきの前日から水につけておく。

細い棒を押しつけるようにして、深さ5mmくらいの浅い溝をつくる。10～15cmの間隔をあけて2本つくる。

種を1cm間隔でまいて薄く土をかぶせる。土を厚くかけると発芽しにくいので注意。種と土を密着させるように手のひらで押さえて、たっぷりと水やりする。

2 間引き・追肥

2回の間引きで5～6cm間隔にする

生育がゆっくりなので、作業は急がず、手入れのタイミングを待ちましょう。

1回めの間引き。本葉が1～2枚伸びたところで、3cm間隔に間引く。

2回めの間引き。本葉4～5枚になったら、5～6cm間隔に間引く。2回めの間引き菜は食べられる。化成肥料10gを列と列の間にまいて根元に土寄せする。

3 収穫

根元を少し残して切る 収穫後に追肥を

草丈が20～25cmくらいになったら収穫。とりたての香りを味わってください。

伸びた葉を、根元から3～4cmくらいを残して切り取る。

収穫後に化成肥料10gをまく。根が残っているので、しばらくすると新しい葉が出てくる。

上の切り取り収穫から20日後。また葉が出てきて復活！　根元を残すように切り取って収穫すれば、何度もまた新しい葉が伸びて収穫できる。

ワケギ

ヒガンバナ科

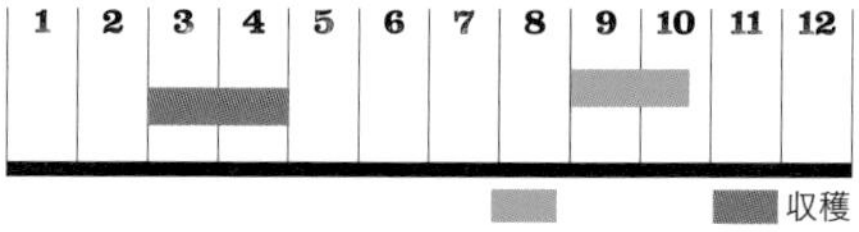

薬味に、彩りに、何回もとれて重宝

秋に球根を植え、翌春伸び出したみずみずしい葉を収穫します。根元を残して切り取れば、また葉が伸びて何度か収穫できます。初夏に枯れてきたら、球根を掘り上げて風通しのよいところで保存し、秋にまた植えつけます。冬場の枯れは、そのままにしておいても、春になれば新芽が伸びてくるのでだいじょうぶ。それぞれの時期に適切な対応をすれば、何年もつくり続けることができるおトクなキッチンハーブです。

必要なスペース

幅　：60㎝
高さ：30 ～ 40㎝
奥行：30㎝
プランターサイズ：標準

1 植えつけ

10㎝間隔で2列に植えつける

先端が少し見えるくらいに球根を浅く植えます。芽が出るまでは約2週間かかります。

10 ～ 15㎝間隔に2本の溝をつくる。10㎝の間をあけて、とがったほうを上にして球根を並べる。

先が少し見えるくらいの深さに、球根を指で押しこむ。植えつけ後、たっぷりと水やりする。

2 追肥

月1回の追肥でじっくり生長

追肥は月1回。秋の追肥は株を充実させるため、春は葉の再生を促すためです。

晩秋、草丈が10 ～ 15㎝くらいになったら、化成肥料10ｇを列と列の間にまく。葉が枯れてきたら追肥は中止。何もせず、春までそのまま。

春に新芽が伸びてきたところ。初収穫後に追肥を再開する。4月中旬まで化成肥料10ｇを月1回まく。

3 収穫

草丈25 ～ 30㎝を目安に収穫

収穫は4月いっぱいまで。夏は球根を掘り上げて保存、秋に植えつけるサイクルで何年もつくれます。

根元から2 ～ 3㎝を残して切り取る。

葉がすべて枯れたら、球根を掘り上げる。

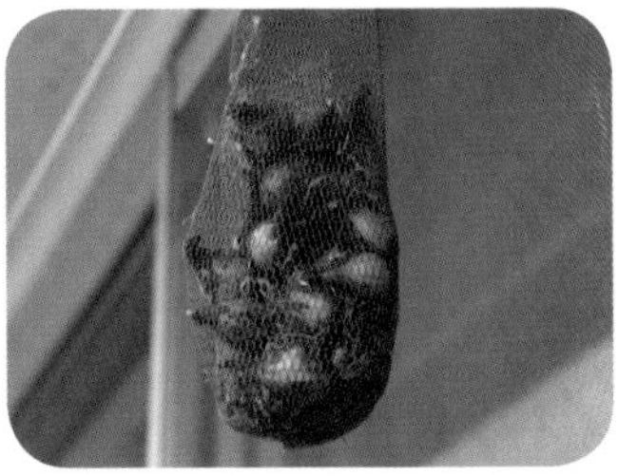

ネットに入れて風通しのよい日陰につるし、秋まで保存する。

ミョウガ

ショウガ科

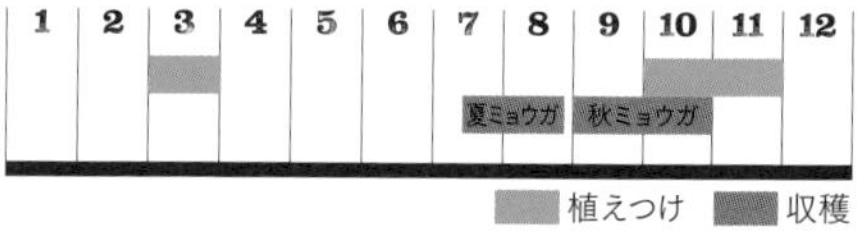

日陰でも育てられる貴重な野菜

さわやかな香りが持ち味。収穫できる時期によって、夏ミョウガと秋ミョウガに分けられます。食べるのは花が咲く前のつぼみ。いちど植えつければ、2～3年は収穫が続きます。根がこみ合って収穫量が減ってきたら、春先に掘り上げて植え替えましょう。日陰を好み、乾燥と強い日ざしが苦手、プランターの置き場所を考慮しましょう。

必要なスペース

幅　：50~70cm
高さ：80～100cm
奥行：40~50cm
プランターサイズ：大型

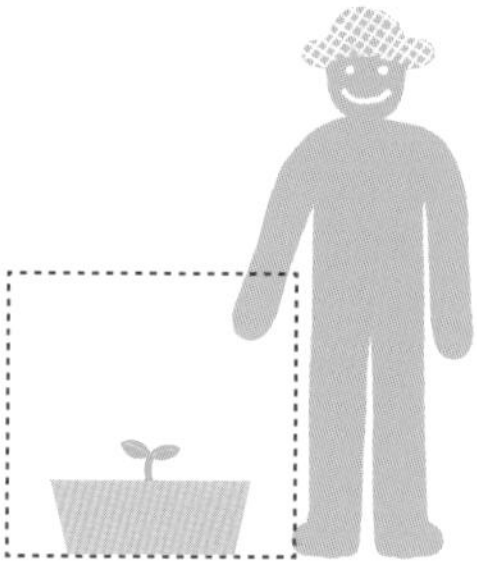

1 植えつけ

種ミョウガを深さ3cmに植えつける

新しい芽の伸びた種ミョウガを選んで植えつけ。芽が出るのは春植えは2週間くらい、秋植えは翌春になります。

プランターに土を入れ、種ミョウガを適当な間隔をあけて深さ5cmのところに植える。芽の部分を上にして寝かせて植える。

上から土をかける。手で軽く押さえて、たっぷりと水やりする。

2 追肥

葉が2～3枚出たら追肥スタート

乾燥を嫌うので、芽が出てからも水やりはこまめに。追肥は葉が2～3枚のときに開始。その後、月1回ペースで。

葉が2～3枚出たら、化成肥料20gをプランター全体にパラパラとまく。

夏にはこんなに大きくなる。高温が続く夏場は、土が乾かないよう水やりを。

3 収穫

つぼみのうちに収穫

地下茎から顔を出す花蕾《からい》を折り取って収穫。植え替えのペースは2～3年おき。根を掘り上げ、根茎《こんけい》を新しい土を入れたプランターに植えつけます。

花蕾が土から顔を出し、太ってきたら収穫。

花が咲くと味が落ちるので、とり遅れないように。

バジル

シソ科

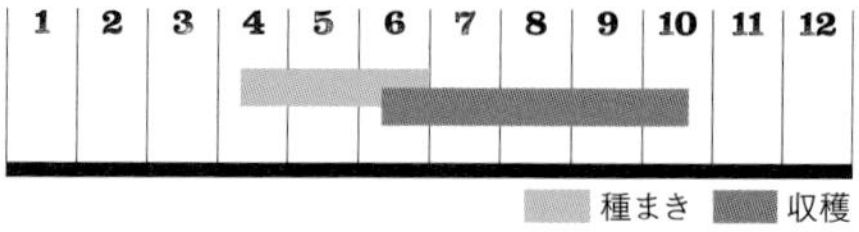

イタリア料理に重宝する大人気のハーブ

さわやかな香りがあり、トマトやイタリア料理との相性抜群。一般的なスイートバジルのほか、その香りから名前がついたレモンバジル、シナモンバジル、濃紫色になるダークオパールバジルなど、いろいろな品種があります。食べたい分だけ若い葉を摘んで利用しますが、いちどにたくさん収穫して、バジルペーストなどに加工しておくと、あとの使い勝手がいいでしょう。

必要なスペース

幅　：30 ～ 40㎝
高さ：50 ～ 60㎝
奥行：30㎝
プランターサイズ：小型～標準

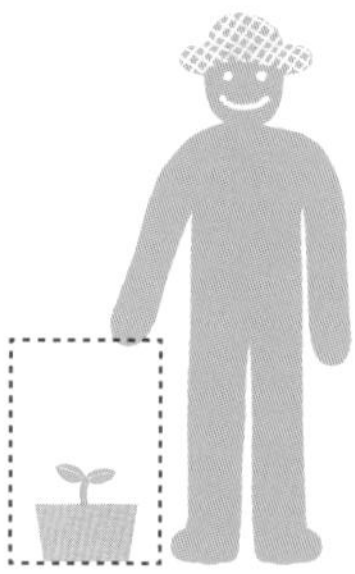

1 種まき

2～3㎝間隔でばらまき

発芽するまでは毎日水やり。10日～2週間で芽が出てきます。種をばらまきするときは、指でまくよりも紙を使ってまくほうが種のむだが減らせます。

指先で少しずつ種を落としながら、2～3㎝間隔にばらまきする。

2つ折りにした紙に種をのせて、種を落としていくと、よりむだなくまける。

ふるいで土をかけて手のひらで押さえ、たっぷりと水やりする。

2 間引き・追肥

間引きながら2株に

1回めの間引きは、双葉が開いたとき。以後、葉と葉が触れ合わないように間隔をあけながら、最終的に2本にします。種まきから約1か月後から、2週間に1回の追肥をします。

1回めの間引き。双葉が開いたら、こみ合ったところを葉が触れ合わない程度に間引く。間引き菜は食べられる。

2回めの間引きは本葉5～6枚のとき、10～15㎝間隔に間引く。間引き後、化成肥料5gをプランター全体にまく。

その後、隣の株と葉が重なるようになったら、そのつど間引き、最終的にプランターに2株くらいにする。

3 収穫

先端の若い葉を摘む

必要な分だけ葉を摘み取ります。花《はな》芽《め》がつくと葉が伸びなくなり、株が老化するので、花穂が出始めたら、すぐに摘み取ります。

3回めの間引き菜。

花穂がついたら、葉の部分といっしょに収穫する。花穂も食べられる。

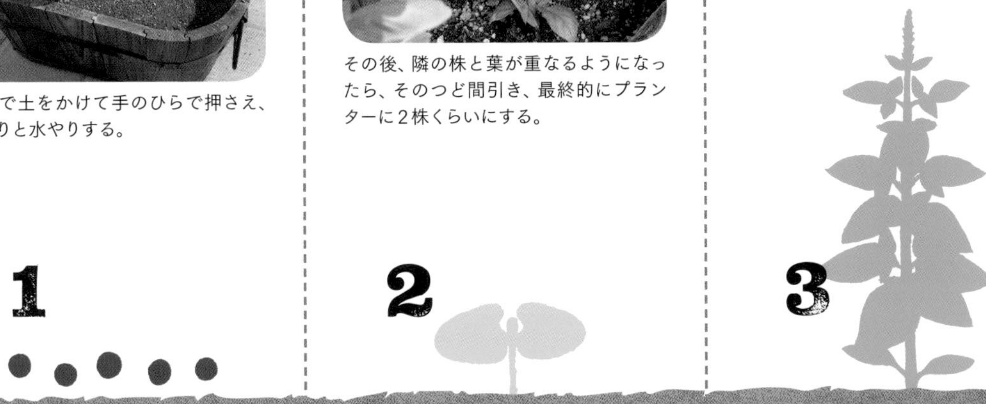

イタリアンパセリ

セリ科

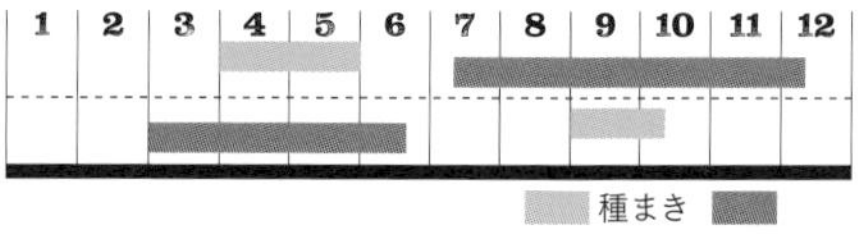

食べたいときに摘み取る、キッチンハーブの優等生

葉に縮れがなく、香りがよいパセリ。間引き菜を収穫しながら間隔を広げます。苗を購入して植えることもできますが、やわらかい間引き菜を味わうなら種から育てるのがおすすめ。長期間にわたってたくさんとれるので、香りのよいサラダ野菜としてたっぷり食べてください。寒さにも強く、南側の暖かい場所に置けば冬越しもできます。

必要なスペース

幅　：40 ～ 60㎝
高さ：40㎝
奥行：30㎝
プランターサイズ：小型～標準

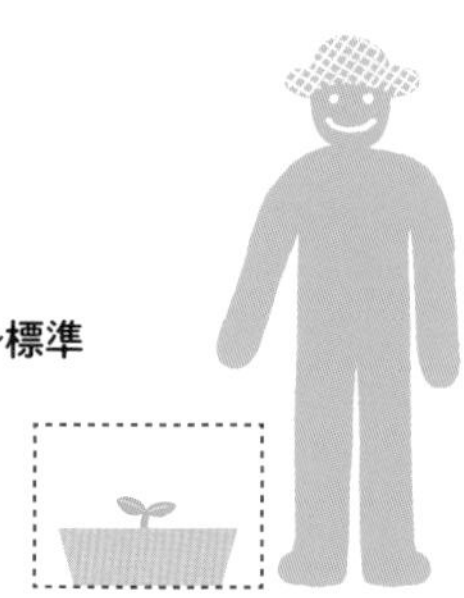

1 種まき

1cm間隔ですじまき

種にかける土は薄く。手のひらで種と土を密着させます。発芽までは2～3週間くらいと、少し時間がかかります。

細い棒を押しつけて、5mmくらいの浅い溝をつくる。10～15cmくらいあけて2本つくる。

種を1cm間隔でまいて土を薄くかけ、手のひらで押さえる。たっぷりと水やりする。乾燥を防ぐため種まき後、不織布や寒冷紗で覆うとよい。

2 間引き・追肥

間引きは3回、追肥は月に1回

本葉2～3枚で3cm間隔、本葉3～4枚で7～8cm間隔、本葉5～6枚のときに10～15cm間隔に間引きます。

1回めの間引き。本葉2～3枚のとき3cm間隔に間引く。以降の間引き菜は食べられる。

2回めの間引き。本葉3～4枚のとき7～8cm間隔に間引いて、化成肥料10gを列と列の間にまく。以後月1回、同量の化成肥料をまく。本葉5～6枚になったら3回めの間引き。10～15cm間隔にする。

3 収穫

本葉15枚になったら、かき取りスタート

下のほうの葉から収穫します。翌年の春につぼみをつけるようになったら早めに摘み取り、秋まで収穫を続けます。

3回めの間引きのときの間引き菜。根の部分にも香りがあり、食べられる。

本葉15枚くらいまで育ったら、根元から数本ずつ切り取る。葉が少ないと生長が悪くなるので、つねに10枚くらいの葉を残すようにする。

challenge

スプラウトを育ててみよう

「芽もの野菜」ともいわれるスプラウトは、発芽したての新芽のこと。小さいけれど栄養満点。キッチンやリビングなど、室内で栽培します。ポイントは温度と光の管理。室温が低いと発芽しにくく、逆に高いと水が腐りやすくなります。最初のうちは光の当たらない場所に置いて軟白栽培して、食べごろサイズに生長したら、光の当たる場所に移して緑化させます。

※種はかならずスプラウト栽培専用のものを使ってください。

1 スプラウト用の種、底が平らな容器、霧吹き、ペーパータオルを用意する。今回はカイワレダイコンの種を使用。

2 容器に湿らせたペーパータオルを敷き、種を全体にまいて霧吹きで水をかける。光の当たらない場所におく。

3 発芽までは乾燥しないように布などをかけておくとよい。1日1～2回霧吹きで水をかけ、種の表面を湿らせる。

4 3日後。発芽して根が張ってきた。布をはずし、霧吹きでの水やりを続ける。

5 食べごろは1週間から10日後。食べごろの大きさになったら、カーテン越しの光や蛍光灯に当てて緑化させる。

ガラス瓶でも栽培できる

広口瓶に種を入れ、ガーゼでフタをして止める。1日1回新しい水をいれてすすいで水を切ることを繰り返す。

栄養価の高さが決めて 健康野菜

たくさんの野菜を育てるスペースがない場合は、
効率よく栄養がとれる野菜からつくりたいもの。
そこで、栄養価の高い野菜をリストアップ！
さらに、野菜は新鮮なものほど栄養価が高いので、
キッチンに直結したベランダ菜園でつくれば、
もっともヘルシーなタイミングを逃さず食べられます。

ホウレンソウ／ニラ／茎ブロッコリー／
クウシンサイ／モロヘイヤ／ゴーヤー

ホウレンソウ

ヒユ科

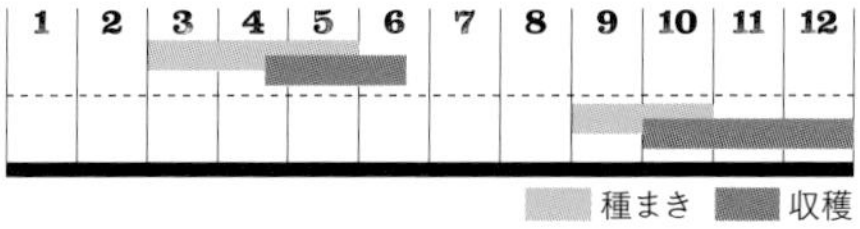

カロテン、ミネラルたっぷり 緑黄色野菜

鉄分、マグネシウムなどのミネラル分と、カロテンなどのビタミン類が豊富な栄養のかたまりです。種をまく時期に時間差をつけて、ずらしまきにすれば、長く収穫し続けることができます。寒さに強く、暑さや湿度には弱いので、秋まきのほうがつくりやすいでしょう。シュウ酸成分が多いので、食べるときはあく抜きを忘れずに。

必要なスペース

幅　：60㎝
高さ：40㎝
奥行：30㎝
プランターサイズ：標準

収穫の目安

とりごろは草丈25～30㎝。小さな間引き菜は生でも食べられる。

1回め 間引き菜

両手に山盛り

2回め 間引き菜

1株80～100g

種まき >> 約2週間後>>>>>>>>>>>>>>>>>>>> 約4週間後

プランター1つからの総収穫量

300～400g

（約20株）

1 種まき

種まきは2列のすじまき 1cm間隔でまく

種まきから発芽までは約1週間。毎日水やりをします。

10 ～ 15cmの間をあけて、溝を2本つくり、種をまく。

種と種の間隔は1cm。

土をかけて手のひらで軽く押さえ、種と土を密着させる。たっぷり水やりする。

2 間引き・追肥

少しずつ株と株の間を広げる

2回の間引きで間隔を広げて、5 ～ 6cm間隔にします。追肥は1回です。

1回めの間引き。本葉1 ～ 2枚で2 ～ 3cm間隔に間引く。

2回めの間引き。本葉4 ～ 5枚のときに、5 ～ 6cm間隔にする。根ごと引き抜いても、ハサミで切り取ってもよい。間引き後、化成肥料10ｇを列と列の間にまく。間引き菜は食べられる。

3 収穫

草丈25 ～ 30cmがとりごろ

大きく育った株から収穫します。シャキシャキとした歯ごたえが残るようにゆでて水にさらし、あくを抜きます。

2回めの間引きのときの間引き菜。

根ごと引き抜いて収穫する。根元をハサミで切ってもよい。

すぐ収穫
省スペース
すずなり
長期間収穫
間引き収穫
半日陰OK
かんたん
おトク
暑さに強い
寒さに強い

ニラ

ヒガンバナ科

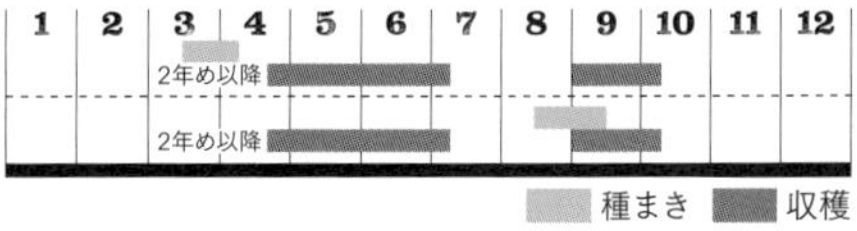

スタミナ抜群、食欲増進効果も

寒さに強く、土質も選ばないほど生命力が強いニラ。独特の香りには食欲増進効果があり、カロテンやビタミン、カルシウムなどの栄養成分も豊富です。種まきから収穫にいたるまでの期間が結構かかりますが、収穫まで辿りつけば、収穫したあとに新しい葉が伸びて何回も収穫できます。数年は続けて収穫できるおトクさも魅力。

必要なスペース

幅　：60㎝
高さ：40㎝
奥行：30㎝
プランターサイズ：標準

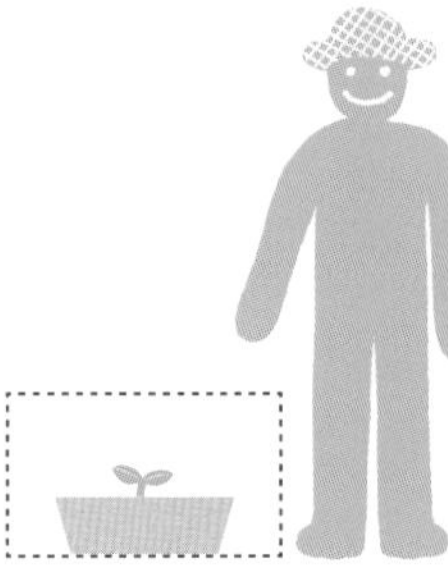

1 種まき

1か所10粒の点まきにする

直径5㎝くらいのくぼみを10か所つけて、点まきにします。発芽までは2週間ほど。

10 ～ 15㎝の間隔をとって、種をまくくぼみをつける。直径5㎝くらいのビンの底を押しつけると、均一なくぼみがつくれる。

1か所に種を10粒まいて土をかぶせ、たっぷりと水やりする。

2 間引き・追肥

じっくりと育てる

草丈が5 ～ 10㎝のころ間引いて追肥。じっくり苗を育てて、草丈15 ～ 20㎝のころに2回めの追肥をします。

草丈5 ～ 10㎝で1か所3 ～ 4本に間引き、化成肥料10ｇをまく。

草丈が15 ～ 20㎝くらいになったら化成肥料10ｇをまいて土を寄せる。収穫は翌シーズンの春。収穫開始まで時間がかかるので、市販の苗を購入して植えつけてもよい。

3 収穫

収穫と追肥をセットで

春から秋まで何度か収穫できます。株に勢いがなくなってきたら、追肥をして来春までお休み。越冬させます。

草丈が25 ～ 30㎝になったら根元の茎を2 ～ 3㎝残してハサミで切り取る。

収穫したあとは、化成肥料5ｇをまく。

2 ～ 3週間後にはふたたび新葉が伸びる。ふたたび収穫可能。収穫後に追肥を続ければ何度でも収穫できる。

茎ブロッコリー

アブラナ科

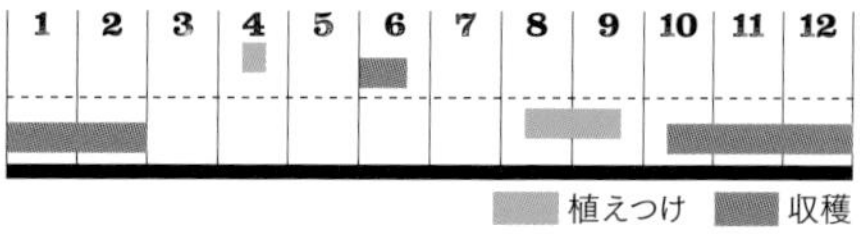

歯ごたえのある茎がおいしい

ブロッコリーの弟分の野菜で、カロテンとビタミンCの宝庫。てっぺんの花蕾《からい》を小ぶりなうちに収穫したあとは、葉のつけ根からわき芽の花蕾がどんどん伸びてきます。うまく肥料をやっていけば何回もとり続けることができるので、ブロッコリー栽培よりもおトクに感じられるでしょう。歯ごたえのある茎がおいしいので、花蕾だけでなく、茎も残さず食べましょう。

必要なスペース

幅　：50 ～ 60㎝
高さ：80 ～ 100㎝
奥行：40㎝
プランターサイズ：大型

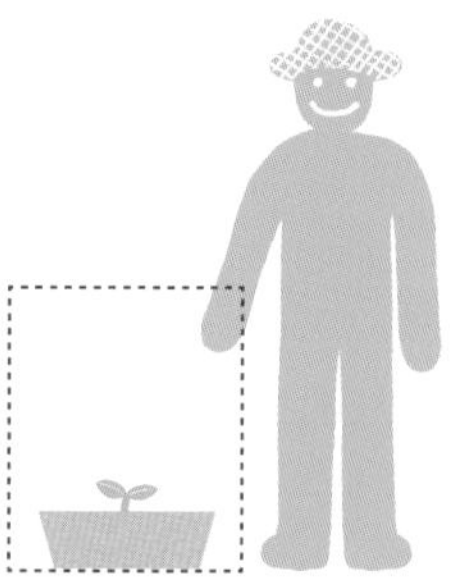

1 植えつけ

40 ～ 50㎝離して2株植え

過湿を嫌うので、株元を高くして、浅く植えます。

種から育てるのは手間がかかるので苗を購入するとよい。ポットより大きめの穴をあける。苗をポットから抜いて植える。

苗の土の高さが、プランターの土の面より少し上になるように浅く植える。株と株の間は30 ～ 40㎝の間隔をあける。植えつけ後、水やりする。

2 追肥

3週間に1回の追肥を

植えつけから2週間くらいたって生長を始めたら、株まわりに追肥をします。以後3週間に1回の追肥を続けます。

1株あたり10gの化成肥料を株のまわりにまく。

土が減ってきたときは、新しい土を足す。

3 収穫

わき芽が次々と生長

主枝の花蕾は小ぶりのうちに収穫し、葉のつけ根にできるわき芽を伸ばすようにします。

てっぺんの花蕾の直径が5㎝くらいになったら、切り取る。

わき芽の花蕾が直径3㎝くらいになったら収穫。おいしい茎を長くつけて切る。

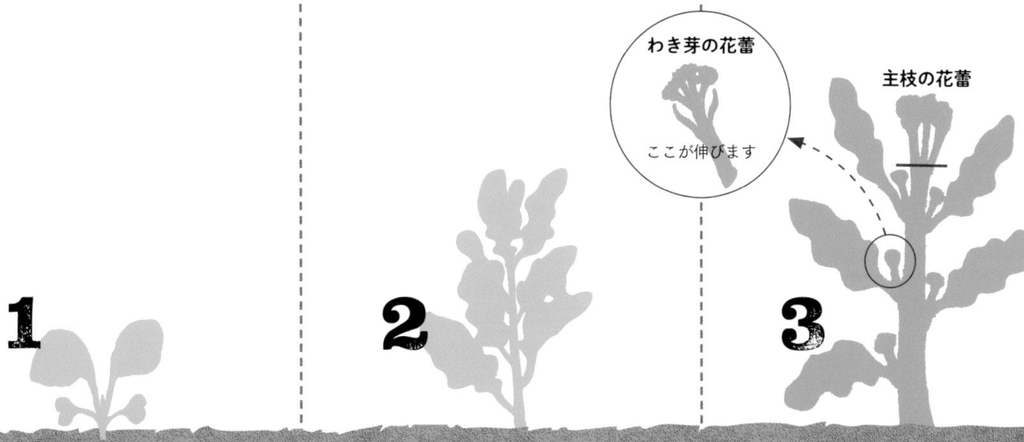

クウシンサイ

ヒルガオ科

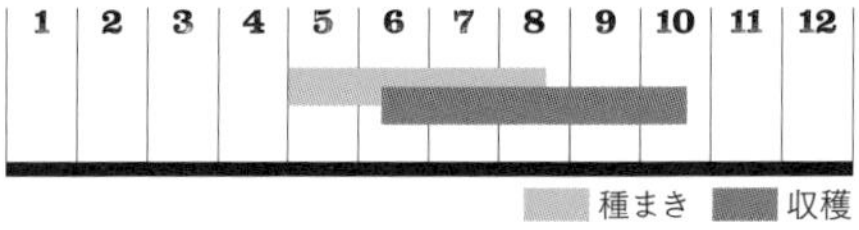

夏バテや疲労回復に効果あり

熱帯原産で、病気や害虫にも強く、暑さとともに旺盛な生長ぶりを見せます。ビタミン、ミネラルが多く、なかでも鉄分はホウレンソウの２倍以上。夏バテや疲労回復に効果があります。葉もの野菜が不足しがちな夏場に長期間収穫できるありがたい野菜です。茎が空洞になっていることからこの名前に。エンツァイという別名もあります。

必要なスペース

幅　：60㎝
高さ：50 ～ 60㎝
奥行：40㎝
プランターサイズ：大型

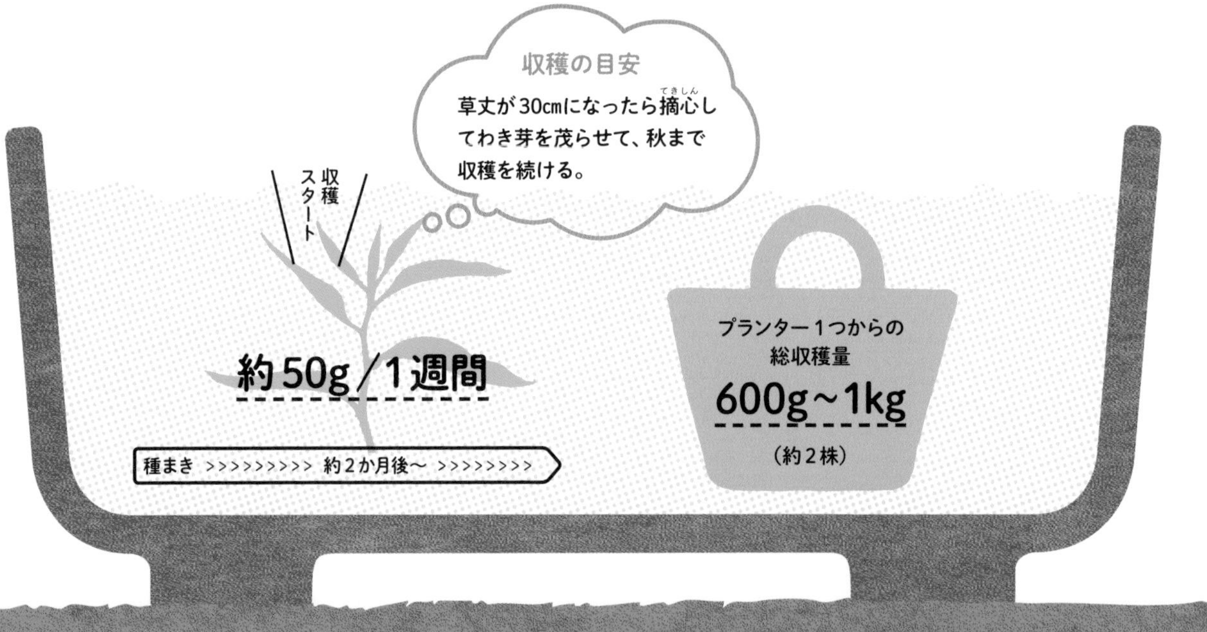

1 種まき

1か所4～5粒の点まきに

種がかたいので、一昼夜水につけてやわらかくしてからまくと、発芽がよくなります。発芽まで5～7日かかります。

一昼夜水につけた種（写真右）と水につけていない種（写真左）。

40～50㎝の間隔をあけて、直径5㎝くらいのくぼみを2か所あける。

一か所に種を4～5粒まいて土をかぶせ、水やりする。

2 間引き・追肥

間引きは2回、追肥は月に1回

2回の間引きで、1か所1本にしたら、追肥を始めます。以後、月1回の追肥で株を育てます。

双葉が開いたら1回めの間引き。1か所3本にする。写真は2回めの間引き。本葉2～3枚のときに、1か所1本にする。

2回めの間引き後、化成肥料20gを株のまわりにまく。毎月1回の追肥を続ける。多湿を好むので水やりはかかさずに。

3 収穫

空洞のある茎はシャキシャキおいしい

切り取った主枝《しゅし》はもちろん、どんどん生長するわき芽を摘んで利用します。

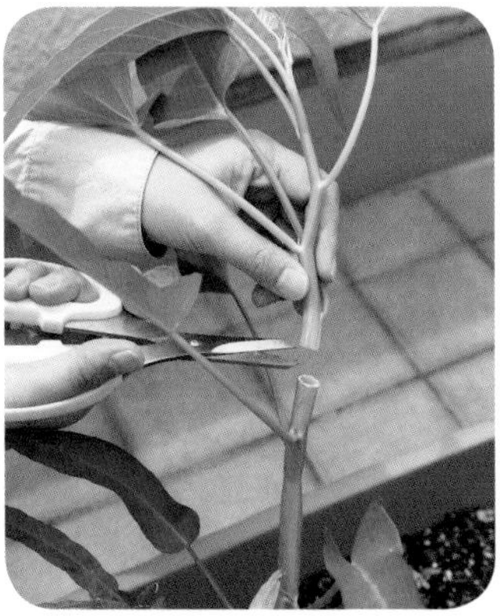

草丈が約30㎝になったら、4～5枚の葉を残して主枝を切り取り（摘心）、わき芽を伸ばすようにする。

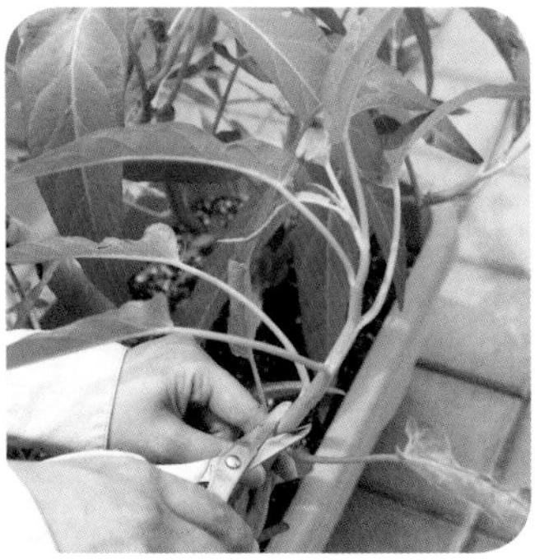

わき芽が伸びてきたら、先から20㎝くらいのところで切り取る。葉がこみ合っているところから適宜収穫する。

モロヘイヤ

シナノキ科

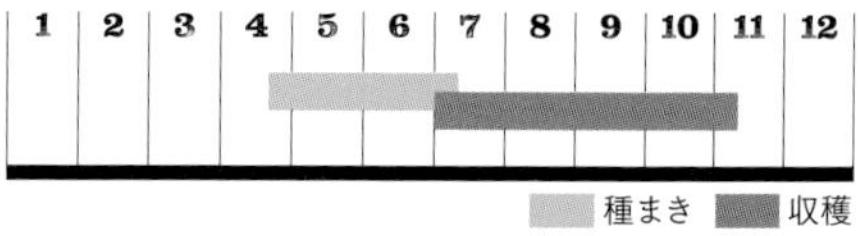

夏に食べたい滋養野菜
ぬめり成分のムチンが効く

エジプトからやってきた熱帯野菜。カロテンの含有量は野菜のなかでもトップクラスで、ビタミン、ミネラルもバランスよく含みます。ゆでると出るぬめり成分のムチンには、胃の粘膜を保護する働きがあります。味は淡泊なので、おひたしやスープ、炒め物などでおいしく食べられます。種は有毒なので絶対に食べないでください。

必要なスペース

幅　：60㎝
高さ：50～70㎝
奥行：30～40㎝
プランターサイズ：標準

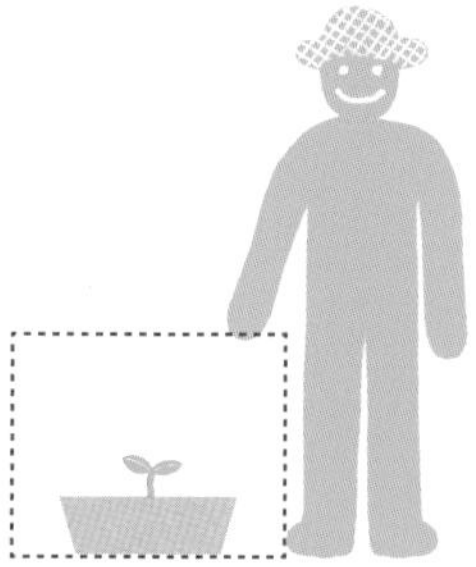

1 種まき

種は1列のすじまき

種をまいてから3～5日くらいで発芽します。

プランターの中央に種をまく溝を1本つくる。

溝に種を1cm間隔でまいて土をかけ、水やりをする。

2 間引き・追肥・摘心

最終的に2株にする

本葉3～4枚で1回めの間引き。その後、隣の株と葉が触れ合わないように何度か間引き、最終的に30～40cm間隔の2株にします。

1回めの間引き。本葉3～4枚のころ3～4cm間隔にする。間引き菜も食べられる。

適宜間引いていき、草丈20cmのころ2株にする。この最終間引き後、化成肥料20gを株のまわりにまく。

草丈が約40cmになったら、主枝の先端を切り取って（摘心）、化成肥料20gを株のまわりにまく。

3 収穫

収穫したら追肥を忘れずに

わき芽が伸びてきたら収穫開始。収穫後は化成肥料20gを追肥して、次の収穫に備えます。

枝先10～15cmを摘む。手でポキンと折り取れるところはやわらかく、茎も食べられる。

高さをそろえるように摘み取り収穫するのがおすすめ。

有毒成分を含む種は、絶対に食べないように注意。

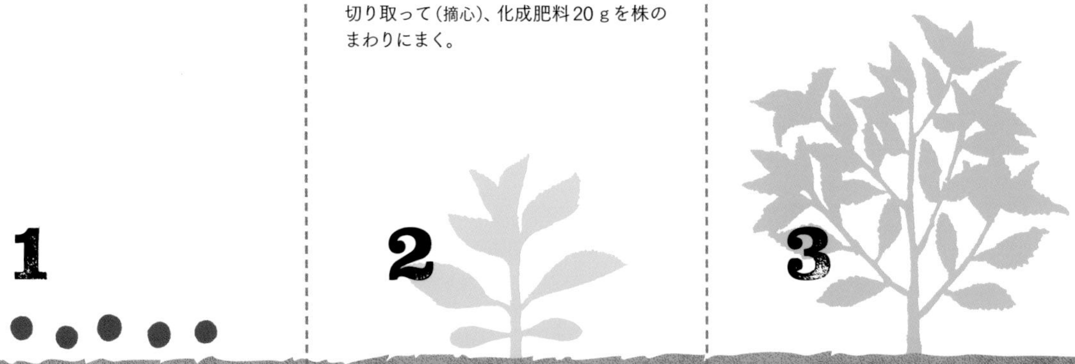

ゴーヤー

ウリ科

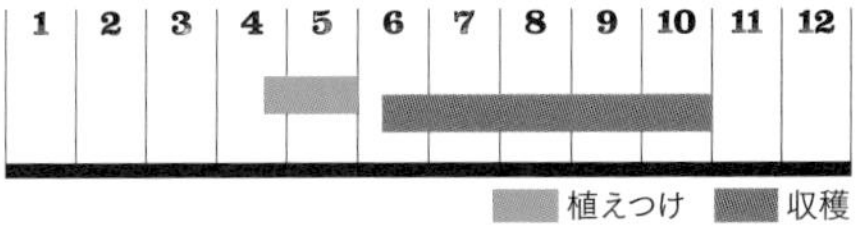

グリーンカーテンにも

ビタミンやミネラルが豊富で、苦み成分のモモルデシンには胃液の分泌を促進して食欲増進の効果があり、猛暑にバテた体を元気にしてくれます。熱帯原産で、暑くなるほどつるや葉が旺盛に伸びて、次々と実がつきます。軒先にネットを張ってつるをからませれば、省エネ効果も高いグリーンのカーテンができあがります。

必要なスペース

幅　：80cm～1.5m
高さ：1.5 ～ 2m
奥行：40cm
プランターサイズ：大型

1 植えつけ

よい苗を選び、浅く植える

種から育てるのは手間がかかるので、苗を購入するのがおすすめです。よい苗は、本葉5～6枚でつるがまだ伸びていないもの。

プランターに土を半分くらい入れて、40㎝以上の間をあけて苗を置く。苗のまわりに土を入れる。このとき、深植えしないように注意。

植えつけ後、たっぷりと水をやる。風に弱いので、植えつけ後は風のない場所に置くのが望ましい。

1

2 整枝・ネット張り

ネットは頑丈に張る

主枝《しゅし》の先端を切って、わきから出るつるを伸ばします。
つるが長く伸びてきたら、ネットにからむように誘導します。

植えつけから2週間くらいたって生長を始めたら、下から数えて7枚めの本葉のすぐ上で主枝を切る。

園芸用のネットを張る。ネットは、軒下からつり下げるか、株のわきに支柱を立てて張る。実がなると重くなるので、支柱やネットは頑丈につくる。

つるの先をネットにからませる。つるは自然にネットにからんでいくが、思う方向に行かないときは、葉を広げたい方向へ導き、ひもで結ぶ。

2

3 間引き・追肥

定期的な追肥を

夏場は土が乾きやすいので、朝晩たっぷり水やりします。肥料は３週間に１回の割合でほどこします。

植えつけから２～３週間後、化成肥料15ｇを株のまわりにまく。土のかさが減っているようなら、新しい土を足す。以後、３週間に１回の割合で追肥する。

ゴーヤーは雌花（めばな）と雄花（おばな）がある。花のつけ根に小さな果実がついているのが雌花。高層階のベランダなどで受粉が進まない場合は、雄花を摘んで、雌花につけて人工授粉する。

4 収穫

緑色が鮮やかなうちに

品種ごとに収穫に適した大きさが異なります。実の色が黄色くなってくるととり遅れ、早めの収穫を心がけて。

へたの部分から切り取る。

写真は中長ゴーヤー。ゴーヤーには手のひらサイズの短太系から30㎝以上になる大長系までさまざまな品種がある。品種に適したサイズで収穫しよう。

グリーンカーテンでエコロジー効果も

真夏の日ざしをさえぎり、室内の温度を下げる効果があることで人気のグリーンカーテン。支柱やネットにつるをはわせて日陰をつくります。ゴーヤー以外にも、キュウリ、ヘチマなどの野菜やアサガオなどのつる性の植物ならグリーンカーテンにできます。

プランターにネットや止め具がセットになったグリーンカーテン用の園芸資材なども市販されている。

ゴーヤーの葉は、小ぶりでさわやかな緑色が特徴。残暑の季節まで涼しい木陰をつくってくれる。

菜園づくりの参考に、
プランター栽培の
ポイントをまとめました。

ベランダ栽培の基礎知識

ベランダのチェック／プランターを選ぶ
種や苗を選ぶ／道具と資材をそろえる
土と肥料の準備／害虫や病気について
土のリサイクル法／ベランダ栽培Q＆A

ベランダ栽培の基礎知識
01

ベランダのチェック

いつもなにげなく使っているベランダ。
環境条件をチェックして菜園に変身させましょう

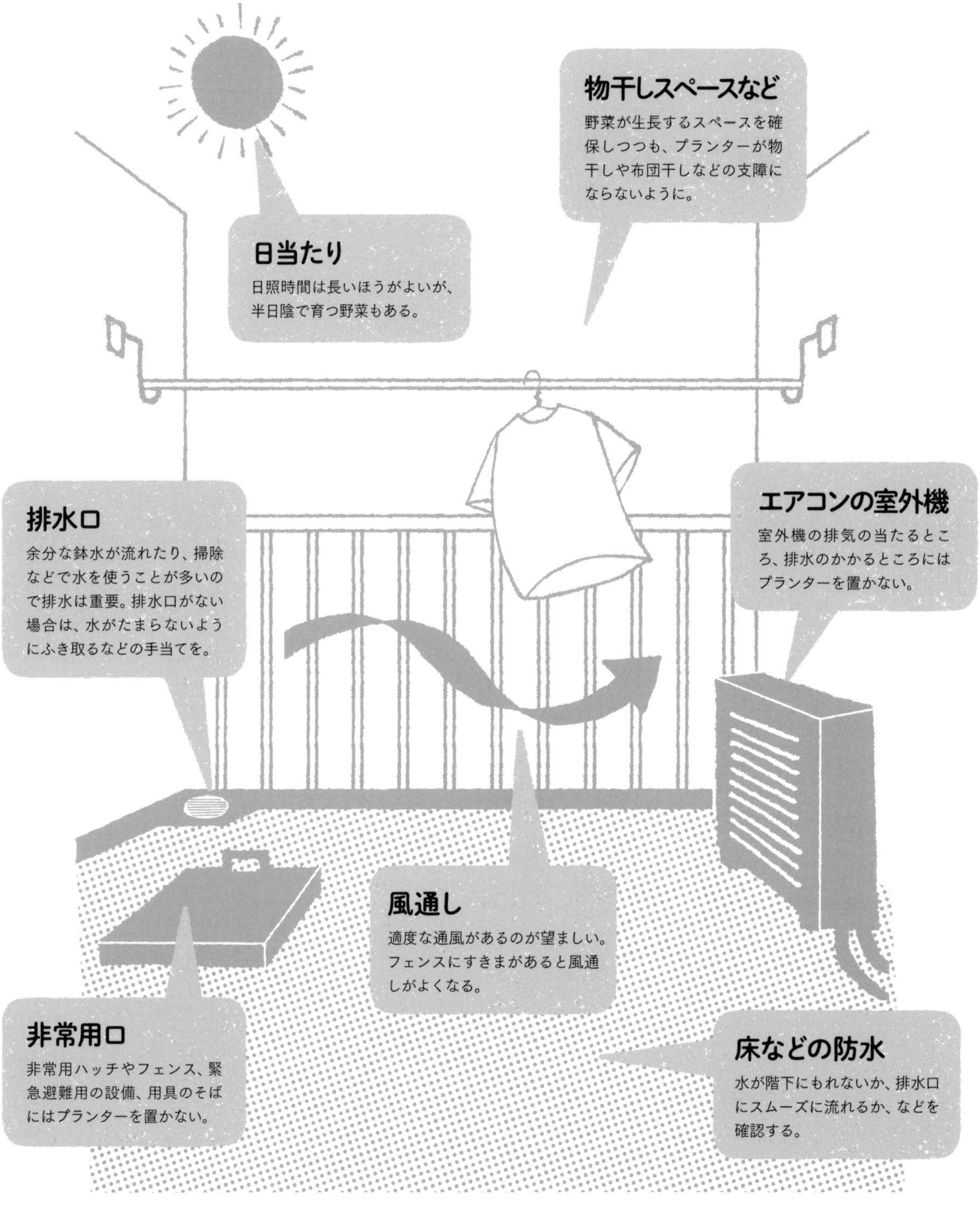

プランターを置く場所を見つけよう

野菜づくりにあたっては、ベランダの環境をチェックすることから始めます。広さ（面積）、向き、建物の何階かなどをチェック。日当たりや風通しは、ベランダの向きや手すりの形状、近隣の建物などによって変わってきます。

野菜づくりに適しているのは、東南方向に向いた風通しのよいベランダです。北向きでも明るい環境であれば、また日陰に強い野菜を選べば、栽培は可能です。西向きの場合、真夏の対策として日よけをかけたり、暑さに強いゴーヤーなどの野菜を選ぶとよいでしょう。面積は広いに越したことはありませんが、野菜を選べば狭いなりにつくることができます。一般的に低層階のほうが風の影響が少なくてすみます。

ベランダの仕様を知っておくこともたいせつです。水道栓や排水口の有無、床などが防水仕様になっているかを事前にチェック。集合住宅の場合は、階下への水漏れや泥汚れ、用具などの落下は禁物です。ベランダは非常用の通路として共用スペースになっていることも多いので、仕切りフェンスのそばにはプランターを置かないなど、配置には十分な配慮をしましょう。

レイアウトのヒント

1. 日当たりを考えて、草丈の高い野菜を奥に、低い野菜を手前に置く。
2. 手入れの頻度の多い野菜を手前に、手のかからない野菜を奥に配置する。
3. 台やラックを使ったり、鉢をつり下げるなどの立体栽培で、空間をむだなく利用する。
4. コンクリートの照り返しをやわらげるために、ウッドデッキなどを敷く。
5. プランター内の蒸れを防ぐために、レンガなどの上にのせ、風通しをよくする。
6. 大型のプランターや袋栽培は、キャスター台に載せれば移動がスムーズに。

日当たりと野菜

強い光を好む野菜（長時間の日照が必要）
ミニキュウリ、ナス、ピーマン、ミニトマト、イチゴ、ジャガイモ、ミニニンジン、ミニタマネギ、ゴーヤーなど
弱い光でも育つ野菜（半日陰も可）
コマツナ、ミズナ、ホウレンソウ、レタス、ワケギ、ショウガなど
日陰を好む野菜（日陰可）
ミツバ、ミョウガなど

土の湿度と野菜

やや湿った土を好む野菜
イチゴ、ミツバなど
乾いた土を好む野菜
ミニトマト、インゲンなど

キャスターは100円ショップなどでも手に入る。小さなものはつなげて使うとよい。

ウッドデッキはベランダのスペースに合わせて組み合わせられるパネルタイプもある。

ベランダ栽培の
基礎知識
02

プランターを選ぶ

**プランターの大きさは、
野菜の生育や収穫量に影響します**

土の容量と深さで選ぶ

① 小型
容量6～10ℓ程度。ベビーリーフや少量育てる葉ものなどに。

② 標準
容量約20ℓ。コマツナ、ホウレンソウ、レタスなどの葉もの、ラディッシュやミニニンジンなどに。

③ 大型
容量約30～40ℓ。トマトやキュウリ、ナスなどの実もの野菜やミニダイコンなどの根菜に。

④ 深型（鉢型）
直径、高さとも30㎝以上、容量約20～30ℓ。大型の野菜を1株植えするときに。麻やビニール製の袋を利用することもできる。

野菜の特性によって適したプランターがあります

つくりたい野菜に合わせて、プランターを選びます。この本では、土の容量と深さによって小型、標準、大型、深型の4つに分けました。プランター栽培では土の量が限られるため、根の広がりも制限されます。土の量が多いほど野菜の生育はよくなるので、スペースや作業の効率を考え合わせたうえで、大きめのプランターを選ぶのがおすすめ。

一般的に、栽培期間が長く、大きくなる野菜は大型、深型のプランターにします。収穫までの時間が短く、草丈が低い野菜は小型、標準サイズのプランターを選びます。

材質で選ぶ　一長一短があるので、好みで選ぼう

プラスチック鉢

軽くて扱いやすく、価格も安め。ただし、通気性がよくないので、内部の温度が上がりやすく、蒸れやすい。鉢の下にレンガを置くなどして通気をよくする工夫を。

素焼き鉢

鉢の表面から水分が蒸発するので、通気性や水はけがよい。半面、重くて割れやすいのが難点。表面にコケが生えることもある。

木製鉢

内部の温度が上がりすぎず、軽くて通気性がよい。ただし、木や金具が腐食しやすく、他の材質のものより寿命が短い。

ベランダ栽培の
基礎知識
03

種や苗を選ぶ

育てる野菜を決めたら、よい種、よい苗を選びましょう

種の選び方

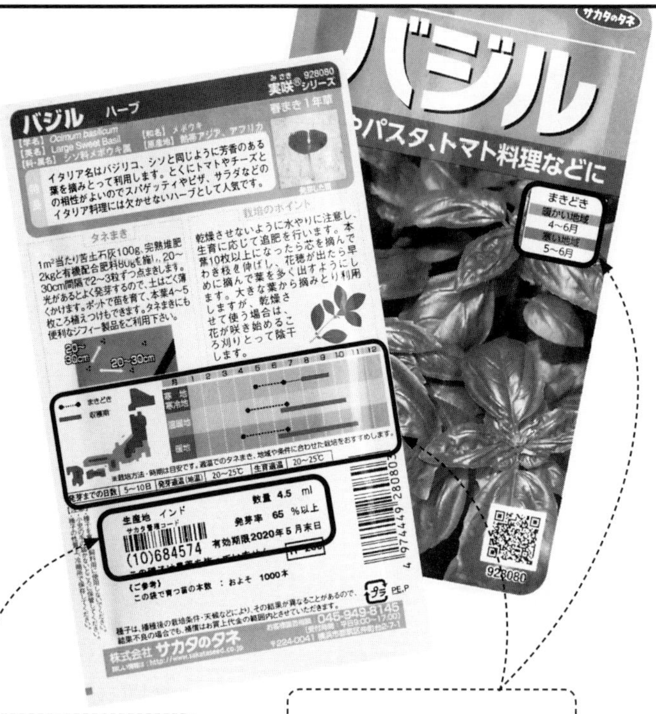

まきどきのチェックを忘れずに

ホームセンターや園芸店に行って、気になる野菜の種袋を手に取り、裏を見てみましょう。

まず栽培カレンダーと地域の気候区分を見て、自分の住む地域でいま種がまけるかどうかを確認します。たとえば、クウシンサイ（エンツァイ）は春から夏までしかまきどきがなく、秋には種まきできないことがわかります。ホウレンソウなどは、まきどきによって適した品種が違うので、時期に合った品種を選びます。

次に見るのが、発芽率と有効期限です。有効期限内のものを買い求めるようにします。種苗会社によっては「採種年月日」の表記があるので、できるだけ日付の新しいものを選ぶと間違いがありません。

発芽率と有効期限

有効期限は、明記した発芽率を保証できると種苗会社が考える期限。1年間程度のことが多い。発芽率は、野菜の種類や採種年によって変わることがある。

まきどき

栽培カレンダーと地域の気候区分を見て、野菜の種まきができる時期を確認する。

種の保存法は？

種が余ったら、種袋の口を折りたたんでテープでとめ、広口ビンなどの密封容器に乾燥剤といっしょに入れて、冷暗所に保管します。冷蔵庫の野菜室が最適ですが、それが無理なら、北向きの収納スペースや温度の安定した場所に置きます。乾燥剤は、菓子袋などに入っていたものを使ってもOK。

種は通信販売でも入手できる。種苗会社のカタログにも品種の特徴やまきどき、栽培のコツなどの情報が掲載されている。種苗会社、種苗店のホームページなども参考になる。

苗の選び方

苗のよしあしで その後の生育が 決まります

苗から育てると、種から育てるよりも時間や手間がかからず、手軽に始められます。その後の生長を左右するので、よい苗を選ぶことがたいせつです。

苗の出回る時期は年々早くなる傾向にあり、寒い時期から店頭に並ぶことも珍しくありませんが、早植えは禁物。野菜には植えつけに適した気温があるので、それまで待つこと。

また、植えつけには不向きな小さな苗も多く見かけます。若い苗の早植えでは、十分な生長、収穫は望めません。適期によい苗を買うことが成功への近道です。

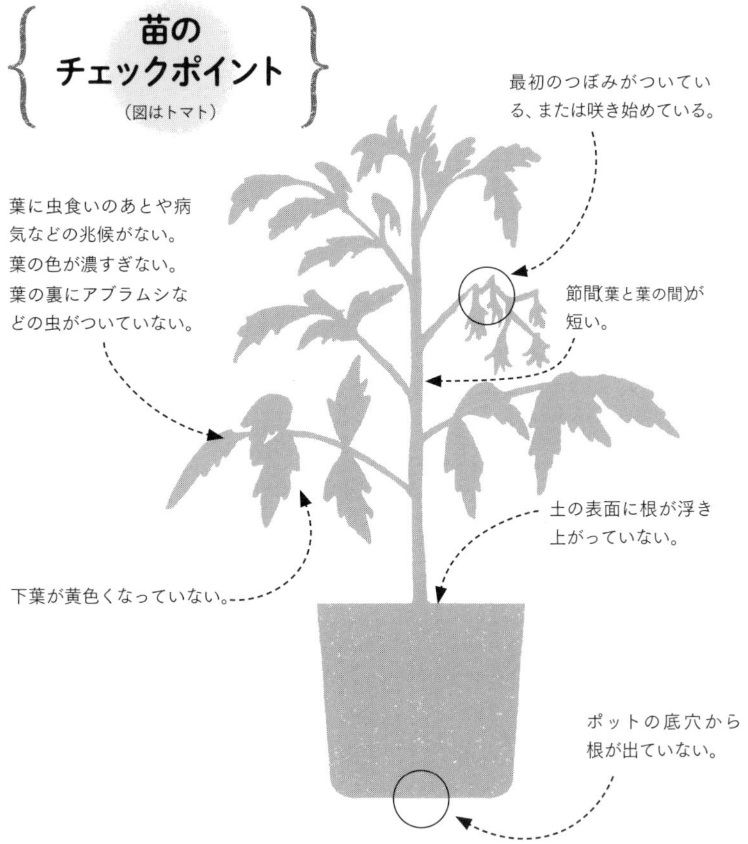

種イモ、種球の選び方

病気にかかっていない 健全なものを

ジャガイモは種イモ、ワケギやニンニクは種球、ショウガやミョウガは根茎を植えつけます。購入の際は病気にかかっていないものを選ぶことが重要です。種球類は外皮が湿っていないものを。反対に、根茎類は適度な湿りけが必要なので、からからに乾いた状態のものは品質に不安があります。一部が黒ずんでいたり、腐敗しているものも避けましょう。

ジャガイモやショウガは、野菜として売っているものは病気に感染していたり、芽が出ないように処理されているものがあるので、種として植えることはおすすめできません。

種ショウガといわれるショウガの根茎。

ワケギの種球は、夏に掘り上げて乾燥させておけば、秋にまた植えつけられる。

ベランダ栽培の
基礎知識
04

道具と資材をそろえる

便利な資材、くふうしだいで代用できる
日用品などを紹介します

使う頻度の高いものからそろえましょう

まず使うのは、移植ごてとじょうろ。園芸バサミは、野菜の生長とともに使う頻度が増してきます。実もの野菜特有の資材は、支柱と誘引するためのひもです。野菜によって支柱の長さを使い分けます。

園芸用品でなくとも、日用品や廃物にも便利なアイテムが。たとえば、洗面器は土を混ぜるのに、洗濯ばさみは防虫ネットをとめるのに活用でき、プリン型やかまぼこ板は種まきに役にたつ小道具です。

かならず使うこの3種

じょうろ

蓮口《はすくち》の目が細かいもの、蓮口がはずせるものがおすすめ。

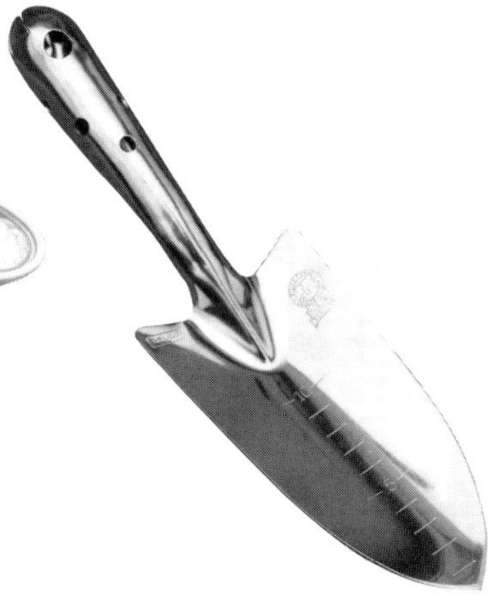

移植ごて

土をすくったり、穴を掘ったりするのに大活躍。ステンレス製で、土を載せる部分に目盛りがあるものが、土の深さが測れて便利。ひと回り小さいものは、土寄せなどの細かい作業に向く。

園芸バサミ

野菜を収穫したり、茎や葉、ひもを切るのに使う。持ちやすい形、重さのものを選ぶ。

野菜によっては必要な資材

鉢底石

水はけをよくするためにプランターや鉢の底に入れる。底がメッシュ状になっているプランターの場合は不要。鉢底石はネットに入れると扱いやすい。ナイロン製の三角コーナー用ネットや洗濯ネット、ストッキングなどがおすすめ。

ひも

茎を支柱に結びつけるときや、つるをはわせるために使う。麻ひもが使いやすい。キュウリやゴーヤーのつるをはわせるときには園芸ネットを使用することも。

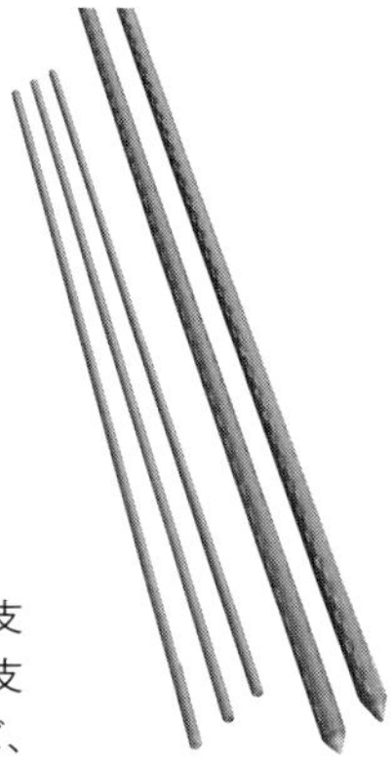

支柱

植えつけ直後に株のわきに立て、苗を支える仮支柱と、草丈が高くなる野菜を支える支柱。トマトやナス、ピーマンなど、おもに実のなる野菜に使う。

あると便利な道具・資材

バケツ、洗面器など

土を入れたり、混ぜ合わせたりするのに便利。床を汚さずに作業できる。バケツは18 ～ 20ℓのものが使いやすい。

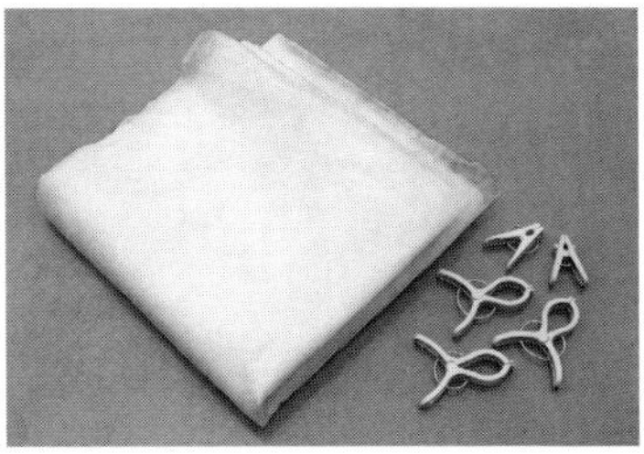

不織布、洗濯ばさみ

害虫対策に。種まき直後から不《ふ》織《しょく》布《ふ》をプランターにかぶせ、洗濯ばさみでとめる。寒さ対策にも有効。

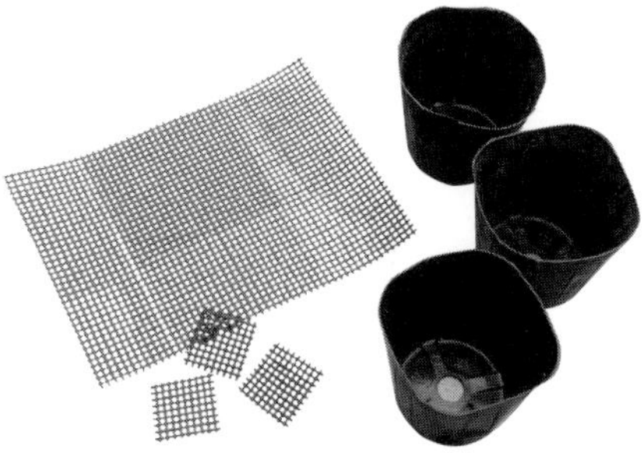

ポリポットなど

種から育てて苗をつくるときに使う。土の流出を防ぐため、鉢穴をふさぐ鉢底ネットも必要。

より確実な種まきのために

種まきは野菜づくりの第一歩。
右の道具を使っててていねいにまくことで、発芽にも違いが出ます。

a **ふるい** … 種まき後に、種を細かい土で覆うために使う。
b **プリン容器、ペットボトルのキャップ** … 点まきのくぼみをつくるのに便利。
c **ラベル** … 野菜の名前や品種、種まきをした日を書いておく。
d **竹串** … 種を1粒ずつ落としてまくときに使う。種のむだが減る。
e **かまぼこ板** … 種まき後の土の表面を板で押さえて種と土を密着させる。
f **紙** … 折って溝にしたところに種をのせ、竹串または指で種を落としてまく。

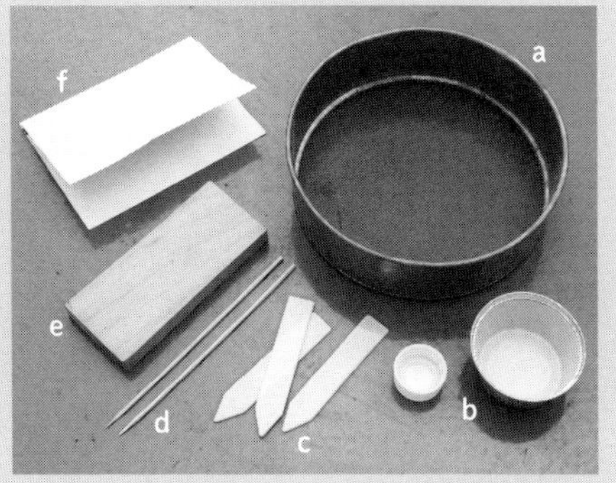

ベランダ栽培の
基礎知識
05

土と肥料の準備

**野菜を育てるための用土と、
野菜の生長に欠かせない養分を補う肥料を用意します**

すぐに使える培養土が便利

市販の培養土は用土がブレンドされ、肥料分が入っている。

表示をしっかりチェックしよう

野菜づくりに必要な土に肥料があらかじめ配合された状態で市販されている培養土《ばいようど》が、混合する手間が省け、すぐに使えて便利です。培養土に含まれる用土や肥料の成分が明記してあるものを選びましょう。手で握ってみて、ふわふわで軽すぎる土は、赤玉土《あかだまつち》を1～2割程度混ぜるとよいでしょう。

市販の培養土は、メーカーによって品質に差があるので、成分などが不明瞭で不安なときは、自分で土を個別に用意して手づくりしてもいいでしょう。

培養土を手づくりするときは

赤玉土と腐葉土《ふようど》を1:1の割合で混ぜ合わせ、そこに、1ℓあたり、苦土石灰《くどせっかい》1～2g、化成肥料（できれば緩効性《かんこうせい》肥料）7～10gを入れて混ぜる。腐葉土は葉の形がないくらい細かいものがよい。

赤玉土(小粒)

＋

腐葉土

＋

苦土石灰

＋

化成肥料

さまざまな肥料

8-8-8の化成肥料を基本に使います

野菜が生長するためには、肥料分が必要です。とくに大量に必要とする窒《ちっ》素《そ》、リン酸、カリのことを「肥料の3要素」と呼び、人工的に与えます。

購入するときには、肥料袋にある3つの数字を確認してください。この数字は窒素、リン酸、カリの順番で含有パーセントを示しています。たとえば「8-8-8」とは、各成分を8%ずつ含んでいることを示しています。

「肥料の3要素」のうち、2種類以上を化学的に合成したものを化成肥料といいますが、この本では、三要素を同じ割合で含む8-8-8の化成肥料を基本に使っています。

ほかに、効果がゆっくりあらわれる緩効性肥料、速効性の液体肥料を適宜使用しています。

化成肥料
(N-P-K=8-8-8)

窒素、リン酸、カリの3要素を含む化学肥料。家庭菜園では、3要素の割合が同じで、各要素が10%以下のものがいろいろな野菜に使えて便利。

緩効性肥料

窒素分がゆっくり溶け出すように加工された粒状の肥料。種まきや植えつけ時に土に混ぜ込んで使うことが多いが、じっくり育てるトマトなどの野菜の追肥にも使う。

液体肥料(液肥)

原液を水で薄めて散布する液体状の肥料。すぐに効果があらわれるので、早く肥料を効かせたいときに使うと効果的。

ひとにぎりは何グラム?

野菜にとって、肥料は多すぎても少なすぎても生育に影響するので、適量を与えることがたいせつです。「10gの化成肥料を追肥」と書いてあるとき、最初に10gを計量して分量をつかんでおくと、いつも計量せずにすみます。「ひとつまみ」「ひとにぎり」などのおおまかな分量も、自分の手で確かめておくと、作業がスムーズになります。

粒状の化成肥料は料理用の計量スプーンで、大さじは約20g、小さじは約7g。

自分の手で「ひとにぎりは約何g」と覚えておくと便利。

ベランダ栽培の
基礎知識
06

害虫や病気について

虫を見つけてもあわてず、冷静に対策を

野菜づくりの過程で病気や害虫の発生はあるものと、ある程度は覚悟をしておきましょう。

病気の原因となるカビや細菌は、梅雨時などの湿った環境で広がります。風通しや日当たりをよくし、肥料や水のやりすぎに気をつけて、生育環境を整えて予防します。たいせつなのは、病気にさせないことです。

害虫は、いつの間にか増殖して、葉を食べたり、実を傷つけたりします。手軽にできる対策は、プランター全体を防虫ネットや不織布で覆うことです。コマツナやミズナなどの葉ものは、栽培期間を通して覆っておくと、被害を抑えられます。

病気予防

梅雨時から夏にかけて多発します。 予防策としては日当たりのよい場所に移動させたり、株と株の間隔をあけ、枯れた下葉を摘み取るなどして風通しをよくします。肥料や水のやりすぎも根《ね》腐《ぐさ》れを起こす原因になるので注意してください。

レンガなどを置いて底面の通気をよくする。

十分に株間をあけて風通しよく。

害虫対策

虫が多くなるのは春から秋にかけて。農薬を使わずに虫を防ぐには、防虫ネットや不織布などの資材が有効です。虫が出てしまった場合は捕殺します。

防虫ネットでプランター全体を覆って害虫を防ぐ。背の高い野菜の場合は、支柱を立ててネットをかけるとよい。

不織布を必要な大きさに切って、プランターにかぶせ、すき間ができないように洗濯ばさみやひもでとめておく。

アブラムシやハダニなどは、歯ブラシでこすりながら、水をスプレーして洗い流す。新葉や芽のやわらかい部分を傷つけないようやさしく。

ベランダ栽培の
基礎知識
07

土のリサイクル法

使用済みの土をまた使える状態に再生させます

栽培の終わった土には、野菜の根、害虫や病原菌、肥料分が残っているので、再利用するにはこれらを掃除してきれいな土に戻さなければなりません。病原菌や害虫を取り除くには、熱消毒を行います。土をビニールに入れて密閉し、炎天下に放置します。真夏だと内部は70℃近くになり、病害虫は死滅します。

肥料分は土を入れたプランターに水をためて水没させ、一定期間おいて水を捨てることで除きます。

病害虫と肥料分はどちらも除去するのが望ましいのですが、両方できないときは「かんたん再生」で病害虫だけでも取り除いてください。

この再生した土に、1ℓ当たり苦《く》土《ど》石灰《せっかい》1～2g、化成肥料7～10gを混ぜて完了。新しい土（培養土）を3～5割程度加えて再利用します。

かんたん再生

真夏には太陽熱を利用して消毒ができます。熱くなりやすいコンクリート上が適しています。

透明のビニール袋に使用後の土を入れ、水で湿らせてかき混ぜ、口を閉じる。

厚さが5～10㎝くらいになるよう薄く広げ、炎天下に置く。2～3週間ほど放置したあと、苦土石灰、肥料を混ぜて完了。使うときは新しい土を加えて利用する。

しっかり再生

殺菌、殺虫だけでなく、土に残った肥料分もリセットするには、水に水没させる方法で。水をためては流す、を繰り返すことで、土中に残った肥料分を流し去ることができます。容器は栓ができるプランターを使えば便利。

底に栓のできるタイプのプランターを使う。栓はプランターの底ネットについていることが多い。切り取って使う。

栓をして水が流れないようにしたうえで、使用後の土を入れる。

プランターの縁まで水を入れる。

透明のビニールで覆い、炎天下に置き、2～3週間放置したあと水を抜く。

❸、❹を数回繰り返す。その後、苦土石灰、化成肥料を混ぜて完了。使うときは新しい土を加えて利用する。

ベランダ栽培の
基礎知識
08

ベランダ栽培Q&A

こんなときはどうすればいいの？
という疑問にお答えします

Q1
収穫後の片づけはどうすればいいですか。

A 株を抜いて土をふるい落とし、土中を探って大きな根を取り除きます。さらに、土をふるいにかけて、細かい根や異物を取り除いておくと理想的です。野菜くずはゴミに、土はリサイクルしてください(p.125参照)。プランターは洗っておきます。

Q2
旅行に出かけるとき、水やりはどうすればいいですか。

A プランターでの栽培は、水やりが重要。畑と違って、人工的に水をやらなければ、野菜は水不足で枯れてしまいます。土の表面が白っぽく乾いたら、鉢底から流れ出るくらいにたっぷりと水をやります。外出や旅行などで水やりができないときは、ペットボトルなどによる簡易灌水《かんすい》装置や電動式の自動灌水装置を使うとよいでしょう。

Q3
日陰でもつくれる野菜はありますか。

ミツバは日陰でもよく育つ。

A 多くの野菜は日当たりを好みますが、半日陰や日陰でもつくれる野菜があります。半日程度日が当たる半日陰の状態でつくれるのは、コマツナ、ミズナ、ホウレンソウ、レタス、ワケギなどの葉もの野菜。日陰でつくれるのは、ミツバ、ショウガ、ミョウガなどです。これらの野菜を立体栽培の下段に置けば、ベランダの有効利用ができます。

Q4
使い終わった古い土はどうすればいいですか

A 土の処分については自治体によって違います。東京23区や横浜市などの都市部では、ゴミとして収集できないところがほとんどです。住んでいる地域の役所に問い合わせて確認してから処分しましょう。土を買った園芸店などで引き取ってもらえる場合もあります。捨てるよりもなるべくリサイクルして使うことが、環境にやさしい野菜づくりにつながります。

Q5
排水口に水や土がたまって困ります。

A 雨水や水やりなどで、プランターから土が流れ出ることは避けられません。排水口のまわりはこまめに掃除して、詰まりを防ぎます。プランターの下に敷いて、水や土を流さないようにする便利なトレイもあります。

鉢の下にトレイやプレートを敷くなど、土が排水口に流れないようなくふうを。

Q6
カラスやハトの被害に困っています。

A ベランダに飛来する鳥の害はあなどれません。被害を防ぐには、ネットを張って近づけないのがいちばんです。市販の防鳥ネットのほか、園芸ネットや防虫ネット（寒冷《かんれい》紗《しゃ》）も有効です。

ネットで実もの野菜を鳥の害からガード。

Q7
ナス科やアブラナ科って聞きますが、「科」とはなんですか。

A 「科」とは、植物の分類法の一つです。野菜でいえば、ナス科（ナス、トマト、ジャガイモなど）、ウリ科（キュウリ、ゴーヤーなど）、アブラナ科（ダイコン、コマツナなど）が代表的です。同じ科同士は、栽培に向く時期、かかりやすい病気や、つきやすい害虫などの性質が似ているので、栽培するときの参考になります。

「水やり３年」といわれるように、水やりはベランダの野菜づくりでいちばんたいせつな作業です。やらないと枯れてしまいますが、初心者は水やりの量が多すぎて失敗することが多いようです。肥料もまきすぎる傾向がありますので適量をまくことを心がけてください。また、ベランダの省スペース栽培では、収穫量を期待するだけでなく、栽培過程も楽しみましょう。葉っぱのグリーンに癒されたり、やってくる虫を観察したり、日ごろ目にすることのない野菜の花を咲かせて生けてみたり、写真や絵にしてみるのも楽しいものです。

麻生 健洲 あそう・けんしゅう

千葉大学園芸学部を卒業後、高校で野菜、養液栽培、生物工学などを教える。退職後は書籍の執筆・監修をしながら家庭菜園を楽しんでいる。著書に『だれでもできるはじめての野菜づくり決定版』（家の光協会）、監修書籍に『いも』『とうもろこし』（ともにフレーベル館）がある。趣味はネイチャーフォト、絵画、自然散策。

Instagram　78ponta
ブログ　http://potager.jp/

取材・文・栽培協力／豊泉多恵子

デザイン／山本 陽、菅井佳奈
（エムティ クリエイティブ）

イラスト／山本 陽

撮影／瀧岡健太郎

校正／佐藤博子

種苗協力●株式会社サカタのタネ

資材協力●株式会社リッチェル

新版
だれでもできる ベランダで野菜づくり

2020年1月20日　第1版発行

著　者　麻生 健洲
発行者　関口 聡
発行所　一般社団法人　家の光協会
〒162-8448　東京都新宿区市谷船河原町11
電話　03-3266-9029（販売）
03-3266-9028（編集）
振替　00150-1-4724
印刷・製本　凸版印刷株式会社

ISBN 978-4-259-56641-8 C0061